新たな事業価値の創造

ビジネスを変革に導く10の視点

九州大学ビジネス・スクール編

はじめに――本書のねらい

本書は、アジアとの歴史的・地理的近接性を背景に成長する九州・福岡の地において、ビジネス・プロフェッショナルの育成に取り組んできた九州大学ビジネス・スクール（略称：ＱＢＳ）が、『新たな事業価値の創造』をテーマに、経営にまつわる理論や実践のトピックを解説するものです。

近年、ビジネスや社会を取り巻く環境の変化は激しさを増すとともに、対処すべき課題も複雑化し、経営マネジメントを担う個人や組織体に大きな変化を強いています。例えば、一般社団法人日本能率協会が二〇一五年一月に公表した、企業経営者を対象とする「当面する企業経営課題に関する調査」では、最大の経営課題として「事業創造の推進とその実行力の獲得」が挙げられています。興味深いのは、既存の自社技術やビジネスモデルの改良による新商品や新事業への取り組みは、回答者の6割が「順調／おおむね順調」と回答しているのに対し、革新的な新技術や新ビジネスモデルによる商品開発や新事業への取り組みは、6～7割が「順調ではない／全く順調でない」と回答している点です。自社の事業環境が大きく変化する中で、従来とは異なる商品開発やビジネスモデル変革に、多くの企業経営者が必要性を感じつつも、その実現が果たせずに苦悩しているのです。

変化の激しい外部環境は、長い時間をかけて今日の事業を確立してきた企業が、その基盤を僅か数年で失いかねないほどの不安定さをもたらしますが、逆の見方をすると、ゲーム・チェンジの機会に溢れているともいえます。過去10年ほどを振り返っただけでも、実に多くの有名企業がその伝統的な事業基盤を失う一方で、数年前まで存在すらしなかった商品やサービスが、当たり前のように私達の日常を支えています。このような環境下で、複雑化・高度化する経営課題に対処するには、基礎的な経営学の知識をはじめとする盤石な基礎力を身に付け、表層的な事象に惑わされずに変化の本質を見極め、完成すらしていないツールを作り込みながら、解決の道筋を描いて実行しなければなりません。インドの大手IT企業インフォシスの経営幹部は、「我々は、太平洋の上を、飛行機のエンジンを片方ずつ最新のものに取り替えながら飛び続けているようなものだ」と述べています。少々誇張され過ぎではあるものの、今日の事業環境に適応しようとする組織の姿をうまく捉えているのではないでしょうか。

さて、二〇〇三年の設立以来、実践的な高度専門職業人を育成してきたQBSでも、前述の環境変化を踏まえ、これまで掲げてきた本専攻の「固有の目的（育成すべき人材像）」について、このたび本質に立ち返った議論を行いました。その結果、従来よりも踏み込んだ内容、すなわち「経営と産業技術の知見のもとに変革をリードし、アジアで新たな事業価値を創造する国際的なビジネス・プロフェッショナル」へと変更することを決定しました（傍点部が変更点）。そして、この変更に伴って、既にいくつかの新たな試みを開始しました。例えば、毎年冬に実施している特別選抜入試では、募集する人材を「変革に関する問題意識とビジョンを有し、新たな事業価値の創造に挑戦する意欲をもって、技術経営（MOT）やアジア・ビジネスを含むQBSのカリキュラムにもとづく学修を通じて価値創造の構想を深化させるとともに、修了後に構想を実行に移す意思を持つ者」へと刷新し、多数の応募者を得ました。

本書の出版も、QBSにおける一連の新たな取り組みのひとつです。「企業戦略」「国際経営」「アジアの産業と企業」「イノベーション・マネジメント」「産学連携マネジメント」「マーケティング」「コーポレート・ガバナンスと監査」「ファイナンシャル・マネジメント」「企業財務」「ビジネス統計」を担当する10名の教員が、「新たな事業価値の創造」を共通テーマとして、それぞれの科目分野における近年のトピックを採り上げ、そこで生じている価値創造につながる動きやその背景、あるいは今後の方向性などについて、独自の視点を織り込みながら解説しています。

本書を通じて、高い問題意識を持つ多くのビジネス・パーソンに、新たな事業価値の創造に向けた変革のきっかけを提供できれば幸いです。

【謝辞】

当書籍の発刊にあたりまして、株式会社みぞえ様からの寄附金を一部使用させていただきました。ここに感謝の意を表します。

二〇一六年五月

高田　仁

目　次

新たな事業価値の創造

第5章　大学発技術の商業化による新たな事業創造（産学連携マネジメント）

第10章（ビジネス統計）
経営学におけるミックス法　157

第1章

企業戦略

長期的収益の実現と戦略的柔軟性

目代武史

1

企業戦略の目的は、長期的収益の最大化である。そのためには、今後成長が期待される事業機会を発見し、そこで収益性の高い事業構造を構築する必要がある。しかし、企業戦略が未来に関わる取り組みである以上、そこには様々なリスクや不確実性が存在する。特定の市場予測や技術トレンドを決め打ちした戦略は、その予測が外れた時に大きな代償を払うことになりかねない。企業としては、未来の事業機会を獲得すべく何らかの着手をしつつも、あり得る変化に対して一定の柔軟性を確保したい。これを戦略的柔軟性と呼ぶとすると、企業はいかにして戦略的柔軟性を確保できるのだろうか。本章ではこの問題について、自動車産業を題材に考察していきたい。

自動車業界が直面する変化

新興国市場の台頭と環境規制の強化

調査会社 IHS Automotive は、乗用車の生産台数が二〇三〇年には1億2千万台に達し、そのうち8千万台が新興国で生産されると予測している。[1] 先進国における生産は微増にとどまると予想されることから、新興国における事業機会をいかに捉えていくかが企業成長のカギを握る。

一方、先進国では環境規制の強化が一段と進む。例えば、欧州が二〇二一年に導入する燃費規制では、二酸化炭素（CO_2）の排出量を企業平均で95g/km以下に抑制する目標を定めている。欧州で二〇一四年に販売された乗用車の平均CO_2排出量は、実績値で123・4g/kmであることから、[2] 販売車種の大半を小型車かハイブリッド車（HEV）に置き換えなければ達成できない水準である。[3] 二〇二五年にはさらに68～78g/kmにまで引き下げることが検討されている。

環境規制のクリアは、自動車メーカーにとって社会的責任の一部であるとともに、収益性に影響を与える大きな要因となる。例えば、欧州の二〇二一年規制では、企業平均CO_2排出量が1g/km超過するごとに1台当たり95ユーロの罰金が科せられる。また、米国カリフォルニア州のZEV（Zero Emission Vehicle）規制では、同州で販売する乗用車の台数に応じて、一定の比率で環境先進車を販売しなければならない。ZEVは事実上、電気自動車（EV）や燃料電池車（FCV）を意味するため、これらのラインナップがなければ自動車メーカーはカリフォルニア州で車を販売することができなくなる恐れがある。

タイやインドネシア、中国でも欧州とほぼ同水準の環境規制が数年遅れで導入される予定であり、新興国市場においても環境性能は事業機会獲得の重要なカギを握る。

次世代パワートレインの選択肢

こうしたなか自動車業界では、各社がそれぞれの得意技術や製品市場戦略に基づき、将来のパワートレイン[4]の技術開発を行い、製品展開に反映させている。表1は、各パワートレインの特徴を要約している。

日本では、トヨタやホンダがＨＥＶで先行している。市街地走行の多い日本市場では、発進時にモーターでエンジンを補助し、減速時に回生ブレーキで運動エネルギーを電気エネルギーとして回収するＨＥＶの実用性が高いためである。日産は、一部の車種でＨＥＶを導入しつつ、ＥＶに力を入れている。三菱自工は、プラグインハイブリッド車（ＰＨＥＶ）やＥＶを今後のパワートレインの柱とし、マツダはクリーンディーゼルなどの内燃機関に徐々に電動技術を盛り込んでいく戦略である。また、スズキはシステムコストの低さから12Ｖマイルドハイブリッド技術の搭載車種を広げていっている。

一方、欧州勢は、これまでクリーンディーゼルとダウンサイジングターボが中心であったが、近年急速にＰＨＥＶやＥＶの方向へと舵を切りつつある。また、廉価版のＨＥＶと

表１　パワートレインの選択肢

	動　力	エネルギー源	利　点	課　題
クリーンディーゼル	内燃機関	軽油	トルクの大きさ，巡航時の燃費の良さ	実用域での排ガス浄化，高速域での NOx 浄化
ダウンサイジングターボ	内燃機関	ガソリン，軽油	システムコストの低さ，巡航時の燃費の良さ	ターボラグの解消，実用域での実燃費向上
ハイブリッド車（HEV）	内燃機関，電気モーター	ガソリン，軽油，電気（内部電源）	市街地走行での燃費の良さ	システムコストの削減，巡航時の燃費改善
マイルドハイブリッド車	内燃機関	ガソリン，軽油，電気（内部電源）	システムコストの安さ，燃費改善の費用対効果の高さ	限定的な燃費改善効果
プラグインハイブリッド車（PHEV）	内燃機関，電気モーター	ガソリン，軽油，電気（内部電源＋外部電源）	市街地走行での燃費の良さ，充電インフラに依存しない電動走行	システムコストの削減，巡航時の燃費改善
電気自動車（EV）	電気モーター	電気（外部電源）	走行中 CO_2 排出ゼロ，発進時トルクの大きさ	二次電池の性能向上／コスト削減，航続距離の短さ，充電インフラの整備
燃料電池車（FCV）	電気モーター	水素→電気（内部電源）	走行中 CO_2 排出ゼロ，航続距離の長さ	燃料電池の性能向上／コスト削減，水素供給インフラの整備

（出所）　筆者作成

して、車載電源を従来の12Ｖから48Ｖに昇圧したうえで、簡素なハイブリッドシステムを搭載する48ＶマイルドＨＥＶの開発を進めている。このシステムは、小型車のＨＥＶ化や新興国市場の攻略に有効な手段として近年注目を集めている。

ＦＣＶは、各社が長年研究開発に取り組んできたが、実際の製品投入は繰り返し先延ばしされてきた。二〇〇二年にトヨタとホンダがＦＣＶのリース販売を始めたが、当時の燃料電池のシステムコストは１億円を超えていた。ＦＣＶを巡っては、トヨタが基本特許を公開したほか、日米欧で企業間提携による研究開発や製品開発が進められている。

従来HEVは、EVやFCVが普及するまでのつなぎの技術といわれていたが、一九九七年のプリウス登場から20年近く経っている。一方、長期の本命はEVやFCVとされているが、基本性能の向上に加え、システムコストの低減、さらには充電インフラや水素供給インフラに多大な投資が必要で、普及にはなお時間がかかる。いずれのパワートレインにせよ、その技術開発には長い時間をかけて多くの経営資源を投入する必要がある。

リスクと不確実性

このように将来の見通しが立たない状況は、企業戦略論ではどのように捉えられるのだろうか。バーニー（二〇〇三）は、将来の見通しの立てにくさに関連して、リスクと不確実性を次のように区別している。まず、リスクとは「企業や業界の特定の属性が将来とり得る値をただ一つ予測することは不可能だが、将来とり得る複数の値の確率分布は明らかである場合（p.183）」としている。また、不確実性とは「企業や業界の特定の属性が将来とり得る値をただ一つ予測することが不可能で、かつ将来とり得る複数の値の確率分布すらも不明な場合（pp.183-184）」と定義している。

表２　EVとFCVの10年後の普及に関する見通し（仮想例）

	EVの普及見通し		FCVの普及見通し	
	発生確率 *Pi*	結果の値 *Vi*	発生確率 *Pi*	結果の値 *Vi*
非常に高い	10%	5	5%	5
高い	20%	4	10%	4
中位	30%	3	30%	3
低い	30%	2	45%	2
非常に低い	10%	1	10%	1
	標準偏差	1.140	標準偏差	1.072

（注）　標準偏差＝$\sqrt{\sum_{i=1}^{N} Pi(Vi-\overline{V})^2}$

Pi＝結果ｉの発生確率，Vi＝結果ｉの値，$\overline{V}$＝すべての結果の中間値，

N＝起こり得る結果の総数

（出所）　バーニー（2003）の表9-1（p.183）を参考に筆者作成

では、将来のパワートレインの見通しはどう考えればよいだろうか。仮に10年後のＥＶとＦＣＶの普及に関する見通しが表２のように予測されたとする。リスクの水準を計算する一つの方法は、確率分布の標準偏差を計算することである。標準偏差が大きいほど、確率分布のばらつきが大きいことを意味し、したがってリスクも大きいと判断される。そこで、バーニー（二〇〇三）に倣って、ＥＶとＦＣＶの普及見通しの標準偏差を計算すると、ＥＶは１・１４０、ＦＣＶは１・０７２となる。表２からは、直感的にはＥＶの方がＦＣＶよりも普及の確率はやや高いようにみえる。しかし、見通しのばらつきという点では、ＥＶの方がリスクが大きいと判断されるのである。

こうした確率分布の予測には困難が伴うが、他の条件を一定としたうえで、複数の調査機関の予

測値を参照すれば、ある程度の精度で推定することはできよう。しかし、他の重要な条件が変化する場合、例えば、自動運転の実現状況を考慮すると、パワートレインの普及予測は非常に難しくなる。なぜなら、自動運転の実現と普及は、自動車業界自体の構造を変えてしまう可能性があるためである。[5] その場合、各パワートレインの普及確率の分布自体が推定不能となり、したがって不確実性が非常に高まることになる。

戦略的柔軟性の実現手段

リアルオプションの概念

将来の動向を見通せない時、その事象が顕在化するまで意思決定を先延ばしできれば、戦略的柔軟性を確保することができる。金融の世界では、将来のある時点（行使期限）までに事前に定めた価格（行使価格）で金融商品を売買できる権利を金融オプションという。ストックオプションなどがその代表例である。金融オプションは、ある価格で商品を売買する権利であるため、行使期限における当該商品の価格をみて権利を行使するか放棄するか判断することができる。

この考えを生産能力や研究開発などの実物資産への投資に応用したものがリアルオプショ

ンである。例えば、まだ市場規模は小さいが将来的には大きな需要が見込める新興国において、最初から大規模な工場を建設するのではなく、市場の成長をみながら段階的に生産能力を拡張できるように工場の設備やレイアウトを設計しておく場合、オプション価値が生じる。

リアルオプションの場合、金融オプションとは異なり、必ずしも対象資産の取引市場が存在するわけではない。そのため、リアルオプションを有効に機能させるためには、ある実物資産への投資に関して、将来的にどのような選択肢があり得るのか経営者自身が認識し、判断する能力が求められる。

トヨタのハイブリッドシステム

例えば、トヨタは当初、ＨＥＶをディーゼル車やガソリン車、代替エネルギー車、ＥＶと並ぶ燃費改善技術の一つとして位置付けていた。[6] しかしその後、ハイブリッド技術をディーゼル車やガソリン車、代替エネルギー車、ＥＶを跨いで適用される上位技術として位置付けを変えた。[7]

トヨタのハイブリッドシステムは、駆動用モーター、発電用モーター、ニッケル水素二次電池、動力分割装置、パワー制御ユニットで構成されるが、これらの要素を足し引きすることで、ＰＨＥＶにもＥＶにもＦＣＶにも転換することができる。すなわち、新たなパワートレインの動向がみえてきたところで、技術開発投資を行うオプション価値をもつのである。この時追加的に必要となる投資がリアルオプションの行使価格といえる。新たなパワートレインが必要になった時に、一から開発するのではなく、既存のハイブリッドシステムとの差分を開発するだけで済む点に、戦略的柔軟性が生まれるのである。

車両設計モジュラー化のオプション価値

製品システムの設計モジュラー化もオプション価値を実現する手段となる（ボールドウィン＝クラーク、二〇〇四）。設計モジュラー化とは、製品システムを機能完結的なサブシステム（これらをモジュールと呼ぶ）に分解し、事前にモジュール間のインタフェースを標準化しておくことで、モジュールの多様な組み合わせを可能にする設計思想である（Ulrich, 1995）。ある時点でみると、既存のモジュールの組み合わせにより多様な製品特性を実現することができる。経時的にみると、既存モジュールの更新や新規モジュールの追加により、新たな製品特性を生むことも容易になる。ここにモジュラー型システムのオプション価値が生まれる。

フォルクスワーゲン・グループ（以下、ＶＷ）が二〇一二年に発表したモジュラー・トランスバース・マトリックス（独語でＭＱＢ）は、車両設計におけるモジュラー化の取り組みである（目代・岩城、二〇一三）。ＭＱＢは、対象となる車種群に適用される設計ルールを定義したうえで、クルマを構成するシステムをモジュールに分割する。もっとも細かな単位では、約５００のモジュールが存在し、それぞれに「ノーマル」「スポーティ」といったバリエーションが設けられている。これらのモジュールの組み合わせにより車両開発の大半がカバーされ、従来よりも開発コストや開発リードタイムが大幅に短縮されるとみられている。

さて、ＭＱＢのオプション価値が意外な形で姿を現したのが、ＶＷのディーゼル車排ガス不正問題である。[8] ＶＷは、当面はクリーンディーゼルやダウンサイジングターボを環境対応車の主力とし、中長期的にはＰＨＥＶやＥＶなどの電動化車両に徐々にシフトする戦略であった。しかし、ディーゼル車排ガス不正問題を受け、同社はＰＨＥＶやＥＶへの転換を大幅に前倒しする方針に切り替えた。ＭＱＢは、車両設計ルールの設定時にディーゼルエンジンやガソリンエンジンだけでなく、ＨＥＶやＰＨＥＶ、ＥＶ、天然ガスエンジンなど多様なパワーユニットを想定し、搭載方法の標準化を図っていた。このことが、ディーゼル偏重からＰＨＥＶやＥＶへの転換にかかる追加投資を抑制する効果をもち、ある種のリアルオプションとなったといえよう。

戦略的柔軟性の注意すべき側面

以上のように、将来の見通しが不透明な事業環境では、リアルオプションなどを通じた戦略的柔軟性を確保することは大きな価値をもつ。ただし、戦略的柔軟性の獲得には一定のコストやトレードオフが生じる点には注意が必要である。

第一に、金融オプションを得るために手数料がかかるように、リアルオプションにもそれを実現するためのコストが生じる。トヨタは、20年にわたりハイブリッドシステムの研究開発投資を続けており、それにより得られた資産が次世代のパワートレイン選択に戦略的柔軟性をもたらしている。

第二に、戦略的柔軟性を確保するためには、製品設計や生産能力などに汎用性や拡張性をもたせる必要がある。しかし、技術や設備に冗長性が生じ、特定の選択肢に最適化した投資行動をとる企業に対して、競争劣位に陥る危険性が生じる。例えば、ＥＶに特化した製品設計や生産設備を有するテスラモーターに対して、ＨＥＶから転換したＥＶでは商品力で劣勢に回る危険性もあり得る。

第三に、オプション価値を生むためには、複数の戦略的選択肢の間の時間順序が非常に重要となる。ハイブリッド技術からPHEVやEVへの転換と、EVから始めてPHEVへ進むのとでは、おそらく後者の方が難易度が高く、追加的投資（つまりオプションの行使価格）が大きくなる。その意味で、トヨタの方がテスラよりも戦略的柔軟性が高い。逆に、テスラは他のパワートレインへの乗り換えが困難であるがゆえに、EVを主流とすべくPHEVやFCVに対して攻撃的な経営姿勢をとらざるを得ない。

最後に、戦略的柔軟性の概念は、意思決定の優柔不断な先延ばしと紙一重でもある。戦略的柔軟性は、効果的なリアルオプションを生む仕掛けを構築することが必要であり、事態が誰の目にも明らかになるまで投資を先延ばしする日和見主義とは異なる。また逆に、将来のオプション価値を過大評価することで、見込みの薄い案件への無理な投資を正当化する口実にもなりかねない。戦略的柔軟性の実現には、非常に高度な戦略判断の能力が求められるのである。

注

1 『日経Automotive』二〇一五年二月号

2 『日経Automotive』二〇一六年三月号

3 例えば、二〇一四年式トヨタ・ヴィッツ（エンジン総排気量1・3L、CVT）のCO_2排出量は、日本の燃費測定方式（JC08モード）で、93g/kmである。また、二〇一二年型のカローラアクシオでは、1・5Lガソリンエンジン（6速マニュアルトランスミッション）でCO_2排出量は129g

／㎞である一方、ハイブリッドタイプ（排気量１・５Ｌ）のCO_2排出量は69ｇ／㎞と、欧州の二〇二一年規制をすでにクリアしている。ただし、欧州の燃費測定モード（ＮＥＤＣ）とＪＣ08とでは、燃費測定条件が異なるため、単純な比較はできない点には注意が必要である。データ出所：トヨタ自動車ホームページ（http://toyota.jp/carlineup/）

4　パワートレインとは、動力の発生からタイヤへの動力の伝達にかかわる機構を指す。一般に、パワートレインには、エンジン、変速機、ドライブシャフトなどが含まれる。

5　自動運転の実用化が自動車業界にもたらす影響については、Roland Berger の報告書 "Automotive 4.0: A disruption and new reality in the US?" が参考になる。(http://www.rolandberger.com/media/pdf/Roland_Berger_TAB_Automotive_4_0_20150224.pdf)

6　トヨタ自動車『環境報告書１９９８年版』

7　トヨタ自動車『環境報告書２００２年版』

8　詳しくは、米環境保護局（ＥＰＡ）がＶＷに発行した通知書（Notice of Violation）の原文（https://www.epa.gov/vw）や各種報道を参照のこと。

謝辞

本研究の一部は、ＪＳＰＳ科研費（課題番号２６２４５０４７）の助成を受けたものです。

参考文献

Ｃ・Ｙ・ボールドウィン、Ｋ・Ｂ・クラーク（二〇〇四）『デザイン・ルール：モジュール化パワー』東洋経済新報社。

Ｊ・Ｂ・バーニー（二〇〇三）『企業戦略論（中）事業戦略編』ダイヤモンド社。

目代武史、岩城富士大（二〇一三）「新たな車両開発アプローチの模索：ＶＷ　ＭＱＢ、日産ＣＭＦ、マツダCA、トヨタTNGA」『赤門マネジメント・レビュー』12巻9号、613－652頁。

Ulrich, K. (1995). The role of product architecture in the manufacturing firm. *Research Policy*, 24, 419-440.

第2章 開発途上国市場への参入の模索

国際経営

星野裕志

2

事業価値の創造

日本企業の国際経営における事業価値の創造とは、新たな市場の開拓であり、従来にはなかったビジネス・モデルを含めたビジネス手法を開発することで、新たな事業の可能性を広げることと捉えられる。

少子高齢化により国内市場の縮小が予想され、また日本企業が得意としてきた先進国の成長の鈍化やアジア諸国などでの中国、韓国などの企業の追い上げで、従来の市場を基盤としていては、大きな事業展開が期待できなくなっている。そこで新たな進出先として、開発途上国やBOP市場を含む新興市場に目が向けられるが、これらの市場での事業は、従来の延長線上では考えられない。対象とする顧客が求めるニーズについても、市場へのアプローチなどの方法なども、大きく異なると考えられるからである。

本章では、日本企業の国際経営における事業価値の創造として、開発途上国市場への参入について考察する。

日本企業の海外展開の特徴

日本の海外直接投資額は、二〇〇八年度までは順調に拡大してきたが、その後の変動は大きく、二〇一四年は1千197億ドルで、4年連続で1千億ドル台を維持したものの、前年度、前々年度の投資総額を下回っている。

そのような中で、香港、台湾、韓国、シンガポールなどのアジアのNIES諸国やASEAN諸国には高い水準の投資が維持されている。また北米とヨーロッパ各国についても、二〇一二年以降かつてない規模の投資が行われており、海外直接投資は従来からの北米、ヨーロッパなどの先進国と東アジアと東南アジアに集中する傾向は変わらない。表1では、日本企業の海外進出時期と進出した地域を海外子会社の数で示している。

一方で、中南米やアフリカなどへの投資は限定的であり、二〇一四年の投資全体に占める割合は、前者が5・9%、後者が1・2%程度に留まる。

この傾向は、図1で示すように、世界全体の海外直接投資の対象国に占める開発途上国の割合が着実に上昇し、二〇一四年には全体の55%を超えたことを考えると、日本企業の投資対象は、従来と大きく変化していないことがわかる。

表 **1**　日本企業の海外進出時期と地域（累計）

	～1974	1984	1994	2004	2014
世界合計	3,345	7,017	16,043	20,563	28,013
アジア	4,376	2,746	6,714	11,813	17,617
中国	—	—	1,055	4,040	6,707
韓国	813	322	390	634	904
台湾	649	479	789	905	1,038
香港 / マカオ	819	527	1,000	1,126	1,298
ASEAN5カ国	1,887	1,477	3,239	4,521	5,910
中近東	96	99	82	98	209
その他アジア	208	—	159	489	1,551
ヨーロッパ	1,144	1,149	3,417	3,384	4,084
北アメリカ	3,011	1,856	4,091	3,829	3,893
オセアニア	494	384	726	562	659
中南米	1,405	720	952	839	1,363
アフリカ	307	172	143	136	188

（出所）　東洋経済新報社『海外進出企業総覧 国別編 1975/1985/1995/2005/2015』

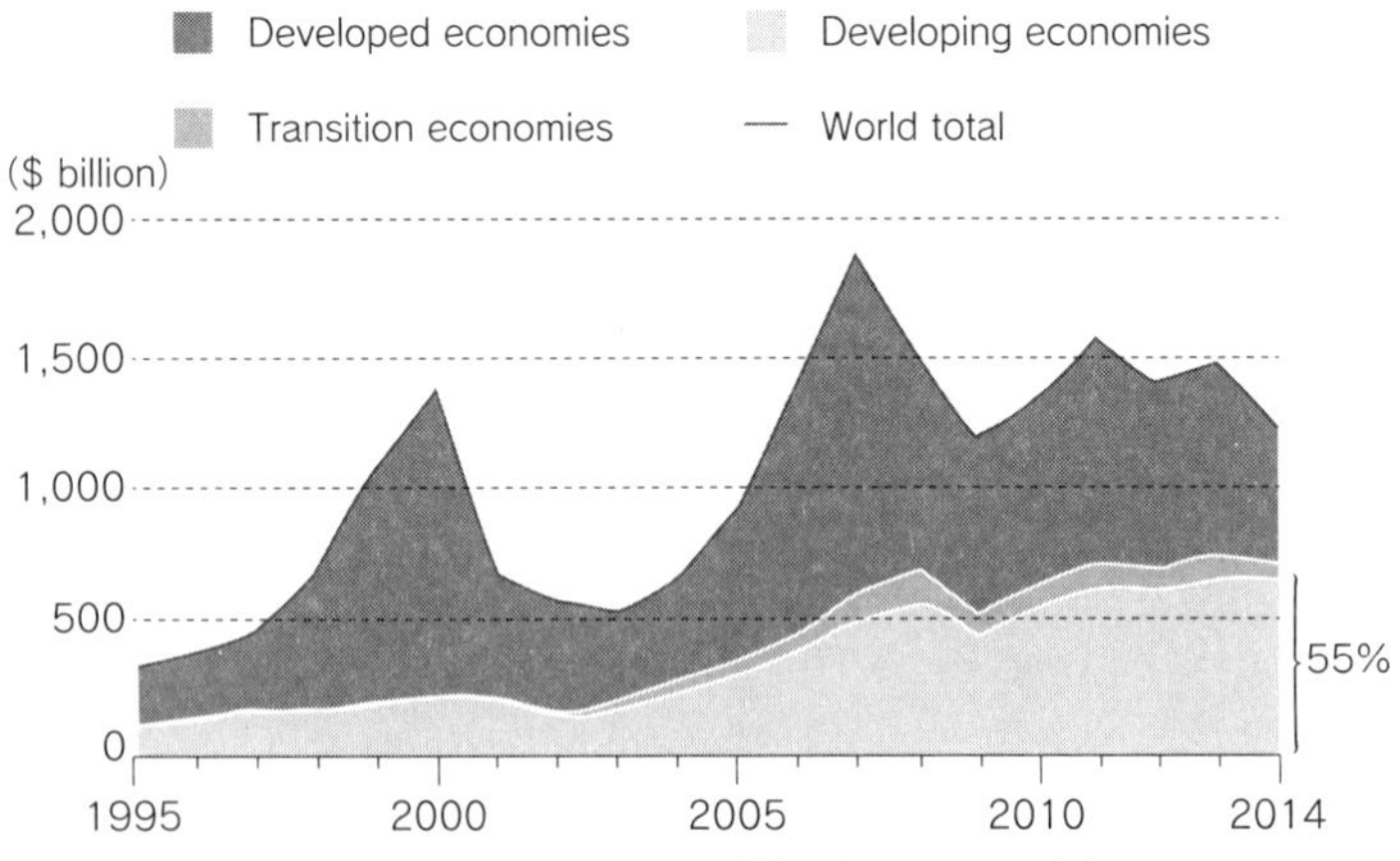

図 **1**　海外直接投資額の推移（1995～2014年）

（出所）　FDI/MNE Database, *UNCTAD World Investment Report 2015*

開発途上国市場への参入の状況

先進国の成長の伸びの鈍化が指摘され、今後の投資対象として、ゴールドマン・サックスが21世紀初頭から、ＢＲＩＣＳやそれに続くＮＥＸＴ11[1]の11カ国を提唱したり、ＶＩＳＴＡ[2]などの新興市場が紹介されてきたが、政治経済の不安定性から、一部の国を除いては、思うほどに市場は成長していない。同時に、Prahaladら（1996）の提唱してきたＢＯＰビジネスは、開発途上国を中心に、世界人口の約7割を占める低所得層を対象として、今後新たな有望市場「ネクスト・ボリュームゾーン」への成長が期待されることから、世界的に注目されている。

三菱ＵＦＪリサーチ&コンサルティングの調査によると、二〇三〇年に向けて、インド、中国、インドネシアにおいて、世帯所得が年間3万5千ドルを超える高所得層と5千ドルから3万5千ドルに位置する中間所得層の数は、3カ国合計で現在の約17億人から23・3億人に増加することが予想される。中間所得層の増加により、耐久消費財や自動車の購入の伸長が期待される。同様に、アジア、アフリカの新興国においても、人口の伸び以上のペースで、低所得層から中間所得層への移行が進むことが予想される。

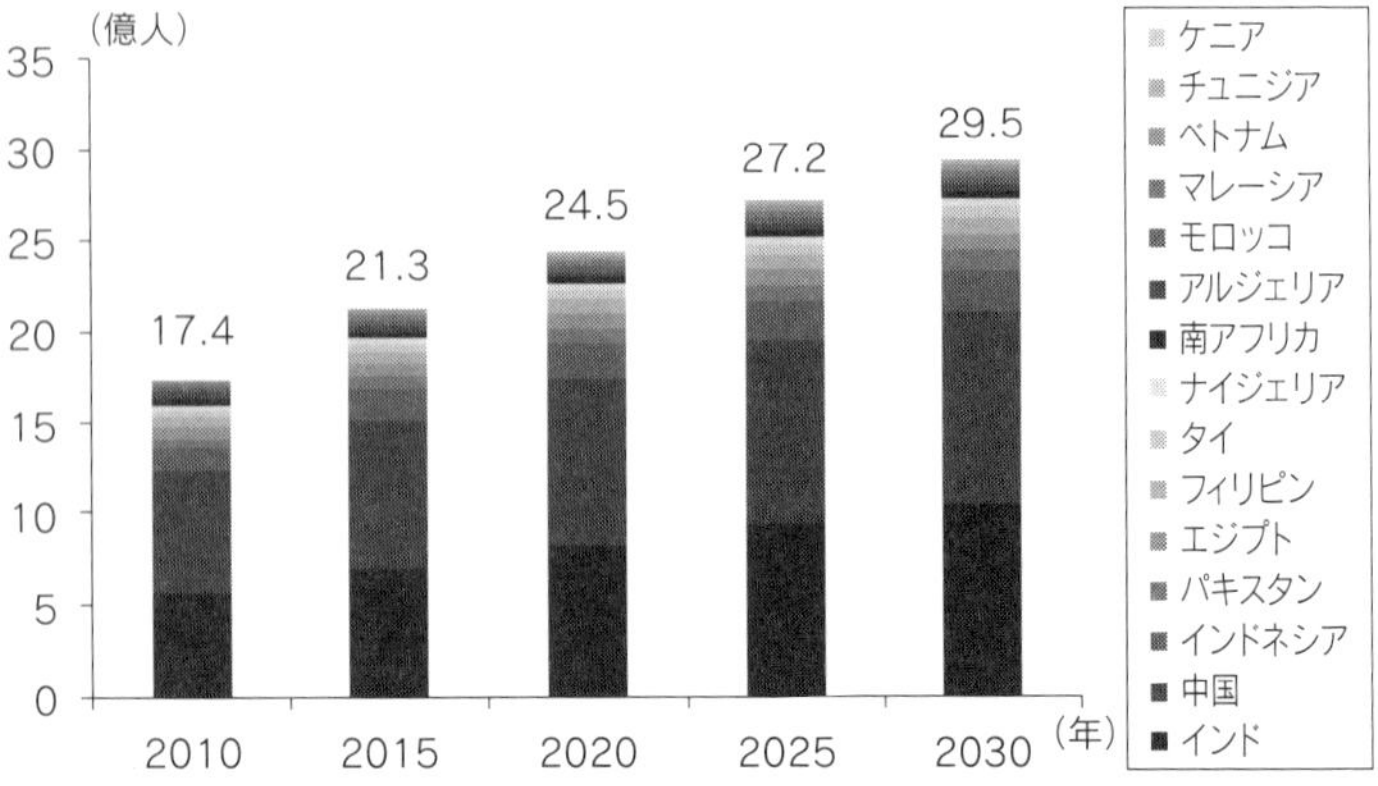

高所得層＋中間所得層（下位中間層＋上位中間層）　　（億人）

	2010	2015	2020	2025	2030
インド	5.7	7.0	8.3	9.6	10.6
中国	6.8	8.2	9.2	10.0	10.6
インドネシア	1.2	1.7	1.9	2.0	2.1

図**2**　新興国の高所得層・中間所得層の将来推移

（出所）　三菱UFJリサーチ＆コンサルティング「平成23年度アジア産業基盤強化等事業（新中間層獲得戦略に関する基礎的調査）調査報告書」2012年3月

一方で、日本能率協会の調査では、二〇一〇年の時点でBOPを対象市場とは捉えていない日本企業は、全体の71％を占め、既にBOP市場で事業が進行中である企業と、参入を検討中の企業を合わせても、17％に満たない状況が、明らかにされている。

アフリカ開発会議（TICAD）[3]は、一九九三年以降日本政府が主導し、国連機関などと連携しながら、アフリカの開発をテーマとする国際会議を開催してきた。二〇一三年六月に開催されたTICAD Vでは、安倍首相が議長をつとめ、今後の支援の方針としての「横浜宣言2013」と二〇一七年までの支援方針を示す「横浜行動計画」が採択された。その中には、現地の産業育成への貢献や、現地の日本企業で働く人材として3万人を育成するなど、民間セクター主導の経済成長を促すことが盛り込まれた。しかし、現在アフリカ地域における日本企業の進出は限定的であり、TICAD V前後の二〇一三年と二〇一四年にアフリカに進出した企業は、それぞれ8社[4]に過ぎない。

このように新興市場への参入は、高いリスクの割には短期的な利益が期待できないことから、日本企業はおよび腰であることが窺える。

開発途上国へのアプローチ

確かに、既存の市場で学習した国際経営に関する知識と経験の蓄積が、新興市場においては必ずしも活用できるとはいえない。既存研究及び企業の参入例から、開発途上国に参入する際には、従来の先進国でのビジネス・モデルと異なった手法が求められることが指摘されている。

Prahalad（2004）は、ＢＯＰの消費の促進を図るための重要な要素を、手頃な価格（affordability）、製品・サービスへのアクセス（access）、入手の手軽さ（availability）の三つの「a」で示している。また、Whitney（2010）は、インドでの冷蔵庫の販売の事例から、成功には商品、サービス、ビジネス・モデル、現地化、スタッフの育成が不可欠であるとしている。

開発途上国市場への効果的なアプローチの方法として、以下のような手法が求められる。

まず第一に、現地で受け入れられる製品は、より機能を簡素化し、品質は先進国市場に供給する製品と比べて低くても、低価格であることが必須といえる。従来の日本企業の製品の特性ともいえる高品質、高機能の製品は価格が割高になり、新興国の消費者の手の届く範囲の外にあるケースが多い。家電製品やオートバイなど、日本ブランドに対する憧れはあっても、実際に購入されるのは、中国や韓国などからの輸入品や現地製品であるケースが見られる。

ホンダはタイで大幅な価格差のある中国製バイクに対して競争力が低下し、市場シェアが落ち込んだことから、二〇〇二年に一部に中国製部品も採用したローコストモデルを投入することで、シェアを回復することに成功した。その後同じモデルは、ベトナムでも導入された。

第二には、先進国市場のような、サプライチェーンが確立していない新興市場では、スーパーマーケットなどの大規模店舗やチェーンストアでの販売に代わって、現地の消費者に効果的にアプローチする方法が求められる。フィリピンのサリサリ・ストアや開発途上国の露天の店舗などのように、一般の消費者が日常的に買物をする地元の小規模商店で、商品を販売する流通チャネルの開拓などの販売方法の工夫である。

ヤクルトは一九六四年の台湾を皮切りに、韓国、タイ、ブラジルなどに進出し、日本国内と同様にヤクルト・レディが宅配と個品販売する方式で販路を広げてきた。現在海外の32カ国と地域では、日本国内とほぼ同じ規模の4万3千人のヤクルト・レディ[5]が、販売にあたっている。

第三には、購買力の低い消費者への販売方法として、日用品などを購買しやすく少量に分けて販売する小分けモデルであり、古くは味の素の取り組みやユニリーバ社の石鹸やシャンプー、ユニ・チャームの紙おむつ・衛生用品などの販売に適用されている。

本格的な海外市場参入は一九九〇年代後半と、比較的海外進出の遅かったユニ・チャームは、アジアを中心に独自のブランドで赤ちゃん用紙おむつや女性用衛生用品を展開し、現在世界80カ国以上で販売されている。タイやインドネシアなどでの参入の際には、現地の家庭を詳細に観察することで、消費者のニーズを把握し、購入しやすい一枚単位で小分け販売するモデルが考案された。

第四には、インフラストラクチャーの不備や健康・衛生面などで、様々な社会的な課題に直面する開発途上国においては、現地に求められる製品を提供することが挙げられる。農村部などの電力供給が行われていない地域での太陽光発電を利用した電力供給や照明設備の提供、蚊の媒介するマラリアを防ぐ住友化学のオリセットネットに代表される防虫剤処理の施された蚊帳の廉価での販売など、技術を有する企業により、開発途上国ならではのニーズに応える製品の提供がされている。

フランスの多国籍食品メーカーのダノンは、バングラデシュで、栄養を付加したヨーグルトを低価格で販売し、日清食品はケニアの農業大学と共同で、現地の嗜好に合わせて麺を短くし栄養価を高めた「チキンラーメン」を共同開発して、市場に投入している。これらは、食品の販売を通して現地の住民の栄養の改善が図られている。

第五として、前述の取り組みに加えて、未知の市場においてニーズの所在を明らかにし、現地でのビジネス・モデルを構築しながら大規模な事業展開を行うためには、現地事情を熟知して活動を展開する非営利組織や現地の組織との連携が有効と考えられる。非営利組織の中には、国連機関、国際協力援助機関、NGOやNPOなどが含まれる。

二〇〇〇年九月に国連で採択された国際開発目標である「ミレニアム開発目標（MDG

s）」の後継となる「持続可能な開発目標（SDGs）」では、民間セクターと国連機関が連携しながら、開発途上国などでの問題解決にあたることが企図されている。国連開発計画（UNDP）では、早くから民間企業と連携しながら、開発途上国の社会的な課題解決に取り組んでおり、その他にも、企業・団体が責任ある創造的なリーダーシップを国際社会で発揮することが期待される協働の枠組みである国連グローバル・コンパクトや国連人間居住計画（UN Habitat）など、国際機関からの民間セクターへのアプローチも積極的に行われている。

ヤマハ発動機の小型浄水装置「ヤマハ・クリーンウォーターシステム」は、コミュニティに安心・安全な浄水を提供するシステムであり、今までインドネシアやインドシナ半島の各地などのアジア諸国や西アフリカなどに、装置を設置してきている。ビジネスとして設置先のコミュニティからの費用の回収は困難な場合でも、様々な機関や組織と連携しながら、適切な設置先を見出し、ODAや様々な外的な資金を得ることで、世界各地に事業を展開している。

以上のように考察した通り、従来日本企業が得意としてきた市場とは異なって、開発途上国やBOPなどの新興市場では、現地に根ざした独自の取り組みが求められており、いちはやく取り組んだ企業から少しずつ成功事例が出てきている。

新たな事業価値の創造に向けて

開発途上国での事業展開は、リスクの高い割には、短期的なリターンは期待できないか、あっても限定的と考えられる。そもそも開発途上国での事業経験も人材も欠く日本企業が、開発途上国市場への参入を躊躇する理由は少なくない。

しかし今まで事業展開に成功してきた市場での持続的な成長が見込めず、大きな転換が迫られているとすれば、そろそろ開発途上国での事業に関する組織学習と人材の育成に取り組む必要があるのではなかろうか。前述のダノンは、バングラデシュでのヨーグルトの開発と販売のノウハウをブラジルでの事業展開に活かしており、国連機関との共同事業で開発途上国市場に第一歩を記した企業が、その後他国で独自の事業展開をしている例などが見られる。多様な組織との連携やソーシャル・ビジネスとしてのアプローチなど、学習の機会は様々に存在する。

事業価値の創造とは、新規市場を開拓し、新たなビジネス・モデルを含めたビジネス手法を開発することで、新たな事業の可能性を広げることに見いだせるのであれば、ＢＯＰを含めた新興市場へのアプローチは、競合企業の参入に追随することでさらに事業成功の可能性が低くなる前に、取り組むべき課題と考えられる。

注

1　ＮＥＸＴ11：ベトナム、フィリピン、インドネシア、韓国、パキスタン、バングラデシュ、イラン、ナイジェリア、エジプト、トルコ、メキシコの11カ国
2　ＶＩＳＴＡ：ベトナム、インドネシア、南アフリカ、トルコ、アルゼンチンの5カ国
3　Tokyo International Conference on African Development
4　東洋経済新報社『海外進出企業総覧（国別編）』二〇一五年
5　http://www.yakult.co.jp/saiyou/newgraduate/010kaigai/

＊本研究は、科研費挑戦的萌芽研究（研究代表者：林倬史、課題番号：２６５９００６４）の助成による研究成果の一部である。

参考文献

日本能率協会（二〇一〇）『２０１０年度経営課題実態調査』。

星野裕志（二〇一二）「連携による開発途上国の参入（ＢＯＰビジネスとソーシャル・ビジネス）」『多国籍企業と新興国市場』文眞堂、第15章、288―301頁。

星野裕志（二〇一五）「開発途上国市場への参入の課題―現地貢献の事業展開―」日本経営学会『経営学論集第85集』44―53頁。

三菱ＵＦＪリサーチ＆コンサルティング（二〇一二）「平成23年度アジア産業基盤強化等事業（新中間層獲得戦略に関する基礎的調査）調査報告書」。

Hamel, G. & Prahalad, C. K.（1996）. *Competing for the Future*, Harvard Business Review Press.

JETRO（二〇一五）「日本の国・地域別対外直接投資（国際収支ベース、ネット、フロー）」。
Prahalad, C.K. (2004). *The Fortune at the Bottom of the Pyramid, Eradicating Poverty Through Profits,* Wharton School Publishing.
United Nations Conference on Trade and Development (2015). *World Investment Report 2015,* UNITED NATIONS PUBLICATIONS.
Whitney, Patrick (2010). Reframing Design for Base of Pyramid, in London, Ted and Hart, Stuart L. *Next Generation Business Strategies for the Base of the Pyramid: New Approaches for Building Mutual Value,* pp165-192, Pearson Education.

第3章

エマージング・マーケットのニューフロンティア
欧米の経営学研究からの示唆

アジアの産業と企業

朱　穎

3

「エマージング・マーケット」研究について

エマージング・マーケットは欧米中心の経営学研究において最も注目されている研究分野の一つである。国際的にみれば、80年代に「日本企業」の特殊性に関する研究は一時的に注目されていたが、その流行性は結局日本企業の「特殊性」に関する解明で終わっているものが多く、普遍的な理論構築まで発展するものは少なかった（Tsui, 2006）。こうしたなか、時代が大きく変化し、今は新興国で誕生するエマージング・ジャイアント（エマージング・マーケットで誕生したワールド・クラスの競争力を持つ企業のこと）の成長に対する関心は著しい。CNNのビジネス・ニュースをみれば、毎日のように「中国」、「エマージング・マーケット」に関する話題が出ている。また英語で発信するコンサルティング・レポートやビジネス雑誌を読めばこうした世界の流れは一目瞭然である。ビジネス教育の現場においても、エマージング・マーケットへの関心はかつてないほどの勢いをみせている。たとえば、ハーバード・ビジネス・スクールのケース教材を「アジア」というキーワードで検索した際に、ケース分布は図1のように示されている。

こうした大きな流れに呼応するかのように、経営学研究の最前線において、エマージン

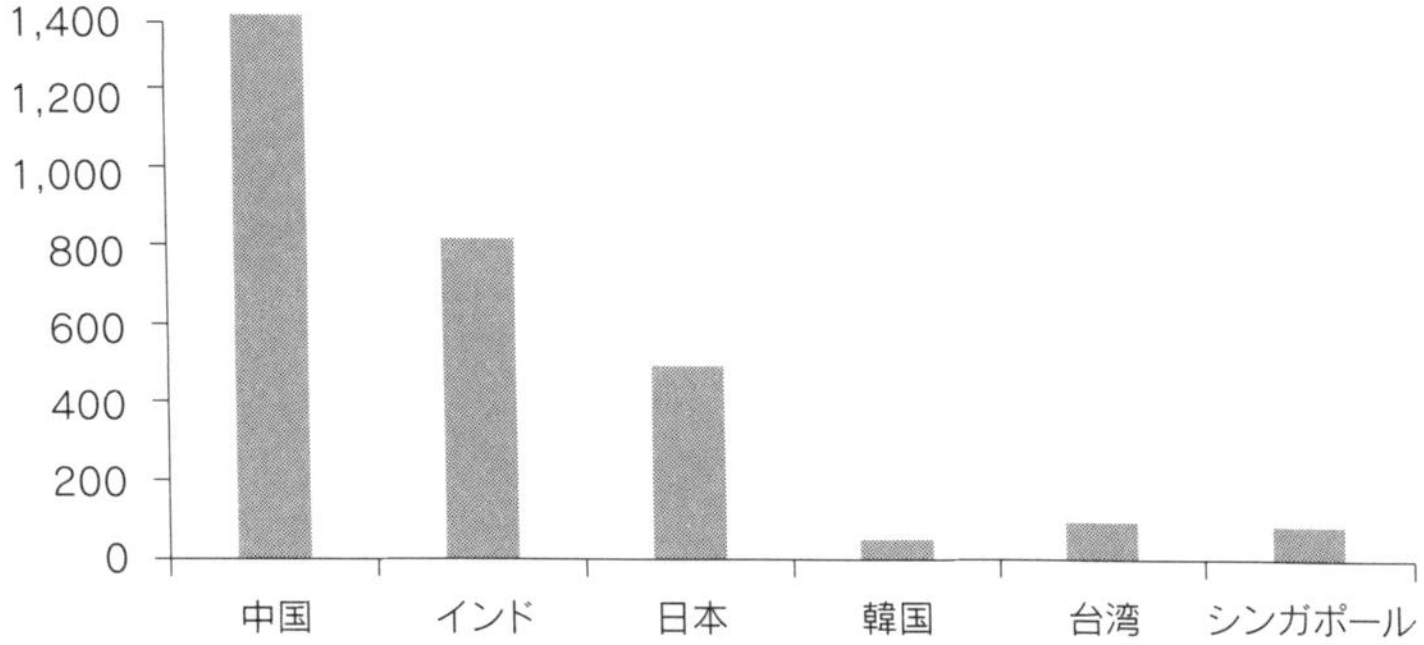

図1　ハーバード・ビジネス・スクールのケース教材における地域分布
（出所）2013年データにより筆者作成

グ・マーケットを対象とする国際ジャーナルの躍進は目立っている。たとえば、エマージング・マーケット研究を対象とする国際学術誌MOR（Management and Organization Research）は創刊してからわずか10年で、ABDC（Australia Business Deans Council）というオーストラリアの学術教育機関からAジャーナルとして認定され、インパクトファクターの急上昇は著しい。この雑誌で掲載された多くの論文をみると、中国系の研究者と欧米系の研究者による共著論文が多数示されている。こうした大きな流れを後押しするように、欧米の大物経営学者は頻繁に中国などエマージング・マーケットに出かけており、現地調査から学術講演、現地の若手研究者の育成まで活発な活動を展開している。経営学の本場であるアメリカ以外のアジアの地域で最先端の知的情報を直接入手したいと考えるなら、もちろん出版物を読むという方法もあるが、上海と北京で開催される国際コンファレンスに出かければ収穫も多いと見込まれる。

さて、エマージング・マーケットという言葉自体は80年代に世界銀行のエコノミストの間で使われていたが、二〇〇〇年に入ってから定着するようになった。経営学研究の観点からみれば、いわゆるアメリカのオーソドックスな経営学はどこまで適用可能であり、もしくは適用不可能なのかという問いかけに対して、「新規性」の発見につながる材料を限りなく提供しているのはこのエマージング・マーケットというニューフィールドである(Child, 2008)。より実践的な観点で言えば、企業のグローバリゼーション活動の進展に伴い、経済活動の効率性のみならず、その根底にある制度的取り合わせ(institutional arrangement)の多様性に関する理解力もかつてないほど重要である(Kostova & Roth, 2002)。こうしたなか、まさに80年代に流行っていた古いアプローチを御手本にしても、現実の問題解決にはつながらないのは明らかである。

本章はエマージング・マーケットに関する最新の海外研究情報を紹介すると同時に、それが企業の実践的活動にいかに応用できるのかに関する事例も合せて紹介する。エマージング・マーケットに関する最新の議論は戦略論と組織論の各分野に及んでいるが、本章はあくまでも筆者の関心分野である「制度的理論」と戦略論の境界部分に焦点を当てることに留めたいと考える。さらに、本章は欧米の影響力のあるジャーナル論文の紹介に焦点を絞っているが、実践的インプリケーションに留意しながら紹介することに心をかけている。

制度的隙間（Institutional Voids）という概念

「制度的隙間」という概念はエマージング・マーケット研究においてよく引用されている文献の一つであり、多国籍企業の海外進出戦略に対して大きな影響を及ぼす。この概念にいち早く注目したのはハーバード・ビジネス・スクールのTarun KhannaとKrishna Palepuの両教授である。彼らは一九九五年から二〇〇九年にかけて、エマージング・マーケットという文脈において、企業活動はどのようなユニークさを持っているのかというリサーチ問題について、主にアジア、旧東ヨーロッパ、ラテン・アメリカの企業を対象に実証研究を実施した。その研究成果が実務家向けに書かれたのは『新興国マーケット進出戦略』（Winning in Emerging Markets）という一冊の本であった。この本はアントレプレナー、先進国多国籍企業、エマージング・ジャイアントという三つのカテゴリにおいてエマージング・マーケットにおけるそれぞれの戦略について実践的インプリケーションを提供している。

「制度的隙間」という概念の基本的エッセンスとは、先進国で当たり前のように存在している市場メカニズム及びそれを支える制度的仕組みは、多くの新興国において多かれ少なかれ欠けており、こうした制度的インフラの不完備を企業戦略の重要な要素として織り込む必要があるということである。Tarun Khanna と Krishna Palepu の両氏が議論の前提にしているのは、市場メカニズムに介在している隙間（中間財マーケット、サプライヤー・システム）であるのに対して、近年この概念の拡張を目指して、Shu and Lewin（2014）は市場メカニズムのみならず、公式及び非公式的制度ストラクチャーにより生み出されている「隙間」の概念を提示している。今後この概念の戦略論及びアントレプレナー研究への波及効果が期待されている。

より普遍性の高い観点からみれば、企業とその活動を取り巻く外部環境との関係については、古くから経営学の重要な領域であると同時に、企業戦略の実践の場においても最も重要なテーマである。企業はいかに外部環境の不確実性をコントロールし、生存に欠かせない資源を持っている外部プレーヤーへの影響力を高めていくのかという戦略上最重要の問題について、早くも一九七八年に Preffer と Salancik の両氏は『資源依存論』(A Resource Dependence Perspective) という名著を出版した。日本ではあまり知られていないこの名著は、経営学研究の中で最も古典とされており、常に高い文献引用率を維持し、制度学派及び競争戦略論に対して多大な影響を及ぼしている。「制度的隙間」という概念はこの資源依存論からの影響が大きいとも言える。例えば、新興国で誕生した巨大なビジネスグループという企業形態は市場メカニズムに取って代わる補完的なメカニズムとして、企業が外部環境の「不確実性」をコントロールする戦略的アプローチである（Khanna and Palepu, 2000）。

「制度的不完備」という概念への注目は多国籍企業が活動するナショナル・コンテクスト（National Context）の重要性さらに、この文脈によりもたらされる企業戦略の多様性への再認識を反映している（Redding, 2005; Child and Tsai, 2005）。近年欧米で行われている多くの経営学研究では、新興国のこうした制度的特徴を前提に、個人的トラスト（Trust）及びコネクションが果たす役割、さらにファミリービジネスの高い度合いについて検証されている（Puffer, McCarthy, and Boisot, 2009; Peng, 2003; Chakrabarty, 2009）。また、アントレプレナーシップ論への拡張を目指して、Mair & Marti により発表された一連の論文では、新興国のソーシャル・アントレプレナーシップは「制度的隙間」を埋める役割を果たしていると強調している。彼らは Academy of Management Journal という経営学のトップ・ジャーナルで発表した二〇一二年の論文で、バングラデシュにおいて、既存の「制度的隙間」を埋め込むためのNGO及びマイクロファイナンスのような市場仲介役による市場メカニズムの形成を解明した。近年の国際経営の流れではこうした新興国の「制度的要素」を前提に、従来の狭義の市場戦略で看過されている多くの社会現象を掘り下げ、競争戦略論のニューフロンティアを開拓している。

ただし、誤解なきように強調しておきたいのは、ビジネスにおけるコネクションの重要性、及びファミリービジネスのような仕組みはいずれも「新興国」だけではなく、先進国でもよくみられている。また企業の政治への関与問題は、アメリカ大統領選挙で各党の候補者が相手を批判する材料として過熱に取り上げられているように、ビジネスと政治のかかわりは何も「新興国」のみの特徴ではない。むしろ、こうした「制度的要素」への再注目は市場メカニズム論への過信に反省を促すきっかけになるかもしれない。

上記のように、「制度的隙間」という重要な概念はどのような実践的インプリケーションを持つのかについて、Tarun Khanna と Krishna Palepu はハーバードビジネスレビューの中で鮮明なメッセージを打ち出している。結局海外進出する企業からみれば、進出先とはどのように関わっていくのかという戦略の基本的方向性に関わっている。短期的視野で新興国進出を考えるのであれば、到底新興国マーケットで存在する「制度的隙間」を乗り越えることはできない。「制度的隙間」論者が多国籍企業に向けて発するメッセージとしては、先進国で当たり前とされている市場メカニズムは新興国で阻害する要因があるからこそ、経営資源の新たな組み合わせと「創造的結合」が求められている。こうした新興国で存在する制度的隙間をビジネスのあらゆる機会として考えるためには、新規性のある発想と事業展開するためのダイナミック・ケイパビリティが必要とされていることは言うまでもない。

エマージング・ジャイアントの市場戦略

前述のように、Tarun Khanna と Krishna Palepu の両氏は自らの著書の中でエマージング・ジャイアントは「制度的隙間」を埋めるための優れた能力を持っていると論じている。

多国籍企業の振興の歴史をみると、ＩＢＭ、ＧＥ、ＶＷのような巨人型企業は欧米から誕生する場合が多かった。しかし、過去20年間において、多国籍企業の分布地域には大きな変化が生じた。主役は欧米の老舗の多国籍企業でなくなりつつあり、新興国で誕生した多国籍企業がかつてない勢いで成長している。たとえば、フォーチュン５００のランキングをみると、中国企業は二〇〇八年の29社から二〇一一年に73社まで急増し、その他の新興国で誕生した企業群も勢いを増している。ボストン・コンサルティング・グループの二〇一三年グローバル・チャレンジャー企業のデータをみれば、中国企業は29社、インド企業は20社が選ばれた。“Sony vs. Samsung”の著書で著名な Sea Jin Chang 教授の二〇一三年の著書によれば、中国市場における競争構造は大きく変化し、ハイエンド・マーケットにおいて多国籍企業の競争優位性が劣化し、台頭しているエマージング・ジャイアントとの激しい競争にさらされている。激しい競争に耐えれず撤退する企業が続出しているなか、ローカル化された多国籍企業も出始めている。すなわち、エマージング・ジャイアントとの真正面からの競争に備えるために、徹底したコスト削減と現地に密着する流通チャンネルの構築に戦略転換を図ったのである。

エマージング・ジャイアントはどのような競争優位性を持っているのかについては、ウォートン・ビジネス・スクールの Mauro Guillen 教授らが書かれた "Emerging Market Rule" というベストセラーになった本の中で分かりやすくまとめられている。すなわち、常に変化する外部環境にすばやく適応する能力と、迅速にビジネスを展開する能力、さらに常套手段に拘らないビジネス構想力、という三つの能力である。前述の「制度的隙間」の概念との関連をみれば、エマージング・ジャイアントの競争優位性の源泉をたどることができる。すなわち、多くのエマージング・ジャイアントは、創業当初から「制度的隙間」に直面し、資源が大きく制約された外部環境の中での生存競争を強いられたため、逆境には強く立ち向かうケイパビリティが鍛えられ、その結果として優れた経済合理性とビジネス構想力を持ち合わせているからである。逆に、先進国の多国籍企業は、従来のビジネスのやり方や、あるいは古いビジネスモデルを遵守する傾向が強いため、エマージング・ジャイアントの急上昇に対して、対応力を失う可能性はある。

先進国多国籍企業が陥りやすい戦略のジレンマについて、Guillen教授の前述の本の中でいくつかの事例が紹介されている。たとえば、エマージング・ジャイアントの優れた能力の一つとして実践に基づく戦略展開能力が挙げられている。それは実践→戦略策定→再実践というよい循環に基づく戦略策定であり、さらにそれを素早く実行する能力のことを指している。エマージング・ジャイアントの最大の競争力は、戦略を本社オフィスの中で誕生させるのではなく、実践の中から構想し精緻化していくのである。それに対して、先進国の伝統的大企業の場合、戦略作成は組織プロセスの一環としてとらえており、マネジャーたちはいかに完璧な戦略を作るのかについて夢中になりがちである。また冗長な組織内プロセスを経て常に完璧なものを作ろうとしている傾向が強いため、戦略が完璧だという誤解に陥りやすい。こうした戦略完璧主義の最大の落とし穴は、外部環境が著しく変化しているにもかかわらず、そのような現状を認識するための能力を持ち合わせていないことである。その結果、変化する環境に応じて戦略を変えることができないのである。

更に、新興国企業のもうひとつのケイパビリティとして挙げられているのは優れた市場発見力である。先進国の多国籍企業はまず「市場ありき」を前提にしている環境でオペレーションしているため、潜在的な無消費市場を軽視する傾向が強いとされている。イノベーションのジレンマの議論の中でも言われているように、既存の消費者しかみていないため、成長見込みのローエンド・マーケットを看過しやすいのである。このように、先進国企業が陥ったジレンマは、環境適応能力の優れたエマージング・ジャイアントに先進国のマーケットを開拓していくための絶好の機会を提供しているわけである。ひとつの例を挙げると、たとえば中国の Haier はアメリカマーケット進出の際に、既存の大手家電メーカーが看過していた、小型冷蔵庫にターゲットを絞った。アメリカの大手家電メーカーは大型冷蔵庫で利益を稼いでいるため、小型冷蔵庫というローエンド・マーケットには関心がなかった。Haier は中国ドメスティック・マーケットの熾烈な競争に勝ち抜いた後、更なる国際競争力の強化という成長戦略から、途上国ではなくアメリカマーケットへの進出を決定した。その際に、Haier はアメリカの大学生の寮生活で欠かせない小型冷蔵庫にフォーカスし、アメリカマーケットに乗り込んだのであった。この戦略は大成功を収めた後、Haier は同じくニッチマーケットのワインセラー用の冷蔵庫に再び焦点を絞り、アメリカマーケットを拡大・成長させた。二〇〇六年のアメリカ国内の調査では、多くの消費者は Haier というブランドについてあまり認知していなかったが、今では Haier の全ての商品はアメリカで販売され、世界最大のシロモノ家電メーカーにまで成長した。さらにこの企業は最も危機感を持っている企業としても有名であり、現ＣＥＯの張総裁は絶えず環境適応力の重要性をミドルマネジャーに浸透させ、デジタル時代に向けてビジネスモデルを再構築したことで欧米の経営学研究者からも多大な関心が寄せられている。ちなみに、Haier は中間管理職の肥大化による大企業組織の機能不全を防ぐため、中間管理職の数を激減させ、極端なフラット組織を導入したことで組織論の研究事例としてよく取り上げられている。

上記の市場開拓と類似する事例として、メキシコの Modelo というビールメーカーも挙げられる。同社はアメリカマーケットに進出した際に、輸入ビールというニッチマーケットに焦点を絞った。このマーケットはほとんど Heineken によって独占されたが、Modelo はコロナ・エクストラという銘柄のビールを発売し、低所得の大学生とメキシコからの移民にターゲットを絞り成功した。その後、M&A戦略を進め、コロナ・エクストラというブランドは中国、インド、オーストラリアにおいても重要な輸入ビールとして認知されるようになった。

多面的な分析の重要性

あえて言うならば、エマージング・マーケットにおける制度的議論の振興はマーケット万能論への挑戦として捉えることも可能である。実践的な含意としては、エマージング・

マーケットを含む新規市場への参入戦略に当たって、安易な市場ポテンシャル分析、静態的な産業構造分析の技法では現実の戦略問題を解決できないことを示唆している。市場メカニズムの根底を規定する制度的仕組み、人々の行動規範といった包括的な分析なしには、これからのグローバル競争と「複雑系」の時代には対応できないことも物語っている。ビジネスの現場でも学術の現場でも過去10年間に起こった大きな変化は、様々な場における「国際的インテリジェンス」の重要性を再認識させていることは言うまでもない。

参考文献

Child, J. (2009). Context, Comparison, and Methodology in Chinese Management Research. *Management and Organization* Review, 5 (1): 57-73.

Child, J., Tsai, T. (2005). The dynamic between firms' environmental strategies and institutional constraints in emerging economies: Evidence from China and Taiwan. *Journal of Management Studies,* 42 (1): 95-125.

Chakrabarty, S. (2009). The influence of national culture and institutional voids on family ownership of large firms: A country level empirical study. *Journal of International Management,* 15(1): 32-45.

Chang, S. J. (2013). *Multinational firms in China: Entry strategies, competition, and firm performance.* Oxford University Press.

Guillen, M., Garcia-Canal, E. (2012). *Emerging markets rule: Growth strategies of the new global giants.* McGraw-Hill Education.

Khanna, T., Palepu, K. (1997). Why focused strategies may be wrong for emerging markets. *Harvard Business Review,* 75 (4): 41-51.

Khanna, T., Palepu, K. (2000). The future of business groups in emerging markets: long-run evidence from Chile. *Academy of Management Journal,* 43 (3): 268-285.

Khanna, T., Palepu, K. (2010). *Winning in Emerging Markets: A road map for strategy and execution.* Harvard Business Review Press.

Kostova, T., Roth, K. (2002). Adoption of an organizational practice by subsidiaries of multinational corporations: Institutional and relational effects. *Academy of Management Journal,* 45 (1): 215-233.

Mair, J., Marti, I., Ventresca, M. J. (2012). Building inclusive markets in Rural Bangladesh: How Intermediaries work institutional voids. *Academy of Management Journal,* 55 (4): 819-850.

Peng, M. W. (2003). Institutional transitions and strategic choices. *Academy of Management Review,* 28(2): 275-296.

Puffer, S. M., McCarthy, D. J., Boisot, M. (2009). Entrepreneurship in Russia and China: The impact of Formal institutional voids. *Entrepreneurship Theory and Practice,* 34 (3): 441-467.

Pfeffer, J., Salancik, G. R. (1978). *The external control of organizations: A resource dependence perspective.* New York: Harper & Row.

Redding, G. (2005). The thick description and comparison of societal systems of capitalism. *Journal of International Business Studies,* 36 (2): 123-155.

Shu, E., Lewin, A. (2014). Low power actor reshaping external regulatory environment. Duke Fuqua Business School Discussion Paper.

Tsui, A. S. (2006). Contextualization in Chinese management research. *Management and Organization Review,* 2 (1): 1-13.

第4章

イノベーション・マネジメント

ハイプ・サイクルと双曲割引

イノベーションの普及プロセスにおける課題を読み解く鍵

永田晃也

4

イノベーションの普及プロセス

イノベーションとは、新たな価値の創出をもたらす革新として定義される。このように定義されたイノベーションの意味には、単に新たなアイデアなどを生み出すことに止まらず、それが価値と呼ばれるだけの社会的な効果に帰結するまでのプロセスが包含されている。例えば技術的なイノベーションと呼ばれるプロセスは、技術的な発明のみならず、発明された技術が新製品や新製法に具現化され、市場で価値を認知されることによって完結するものと捉えられる。従って、この意味でのイノベーションのマネジメントは、新製品などの開発ばかりではなく、それを市場に普及させることを重要な課題とするのである。

しかるに、イノベーションの普及プロセスに関する経営学的な研究の蓄積は、製品開発マネジメントなどに関する研究に比べると遥かに薄いと言わざるを得ない現状にある。現実の企業が技術的に卓越した製品やサービスを開発しても、市場に容れられないという隘路に直面する事態が頻繁に発生しているにも関わらず、イノベーションの普及プロセスに関する経営学的な研究が相対的に立ち後れてきた理由は、いくつか考えられる。しばしば指摘されるように、製品の開発や製造において優位性を構築してきた企業ほど、優れた製品であれば需要は自ずと付いてくるという信念から逃れがたいために、普及プロセスの隘路という事態の深刻さが実務の側でも十分に理解されてこなかったという点は、その理由の一つとして挙げられる。しかし、おそらく最も説明力のある理由は、多様な要因に左右される普及プロセスの不確実性故に、その解明には経営学という特定の学問領域に閉じない学際的アプローチが必要とされてきたという点に求められるであろう。この点は、イノベーションの普及研究の歴史を簡単に振り返るだけでも明らかになる。

イノベーションの普及プロセスに関する初期の社会学的な研究は、新製品の普及率に対して疫学的なモデルの適用を試み、Ｓカーブと通称されるロジスティック曲線を普及曲線として提示した。このモデルは、普及の開始時点や普及速度のパラメータを与えれば普及率を算定できるという操作性を有するため、Ｓカーブの当て嵌まりがよい市場では、実用的な需要予測の手法として期待された。しかし、実際の普及プロセスにみられる不確実性は、かかる単純なモデルの適用限界を明らかにする。保菌者との接触によって拡大する伝染病の流行動態とは異なり、新製品の普及プロセスは、感染する側に当たる採用者の意思決定に左右され、また意思決定を左右する基準は採用者の属性によって多様であり得るため、多分に不確実性を伴うものとなるのである。

このような普及プロセスの不確実性に着目した代表的な研究者であるロジャーズ（E.M.

Rogers）は、採用者の属性を採用時期のカテゴリーごとに分析した（ロジャーズ、一九八二）。やがて、ロジャーズが初期少数採用者（Early Adopters）と前期多数採用者（Early Majority）と呼んだ二つのカテゴリーにおける採用決定基準が異なることが、普及の拡大を妨げる巨大な溝となっていることが明らかにされた。ムーア（G.A. Moore）が「キャズム（Chasm）」と呼んだ現象である（ムーア、一九九一）。

こうしてイノベーションの普及プロセスに関する研究は、採用者側の認知的側面を重要な要因として抽出するに至った。この認知的側面が普及プロセスに及ぼす影響を理解するために、今日では認知科学、社会心理学、社会システム論など多様な領域で提起されてきた分析概念の援用が試みられているのである。[1]

本章では、イノベーションの普及プロセスに影響を及ぼす認知的側面に関する理解を更に一歩進めるため、近年、注目を集めている「ハイプ・サイクル」と呼ばれる現象を取り上げ、この現象の発生メカニズムを解明する鍵として、行動経済学の領域で提起された「双曲割引」という概念を導入する。また、ハイプ・サイクルに陥ることが懸念される具体的な事例には、水素エネルギーの利用技術として期待が高まっている燃料電池を取り上げ、筆者らが行った分析結果を踏まえて、燃料電池応用製品の普及に伴う実践的な課題に言及する。

ハイプ・サイクルとは何か

ハイプ（Hype）とは、一般に誇張宣伝等による過度の興奮を意味する語であるが、この現象は、しばしばイノベーションの普及プロセスに歪みを生じさせることが知られている。その典型的な事例として、今世紀はじめに米国で発生したナノテクノロジーに対する熱狂的な期待、それに伴う投資の殺到と挫折を想起することができる。「ナノ・ハイプ」と呼ばれた事態である。[2]

ナノ・ハイプの顛末が示したように、新技術に対する期待は、それが当該技術の可能性を超えて過剰なレベルにまで高まると、反動としての幻滅を招来し、当該技術の社会的な受容プロセスに歪みを生じさせることがある。こうした受容プロセスの歪みは、ＩＴ分野のアドバイザリー企業であるガートナー社によって、図１に示す「ハイプ・サイクル」を描くものとして定式化されている（フェン＝ラスキノ、二〇〇八：二〇一二）。

このような現象の定式化については、その正当性をめぐって多くの批判が提起されている。しかし、サイクルとしての一般的な存否はなお争点になるとしても、しばしば過剰な期待の後に極端な幻滅が訪れることは、既に事実として知られている。そして、水素エネ

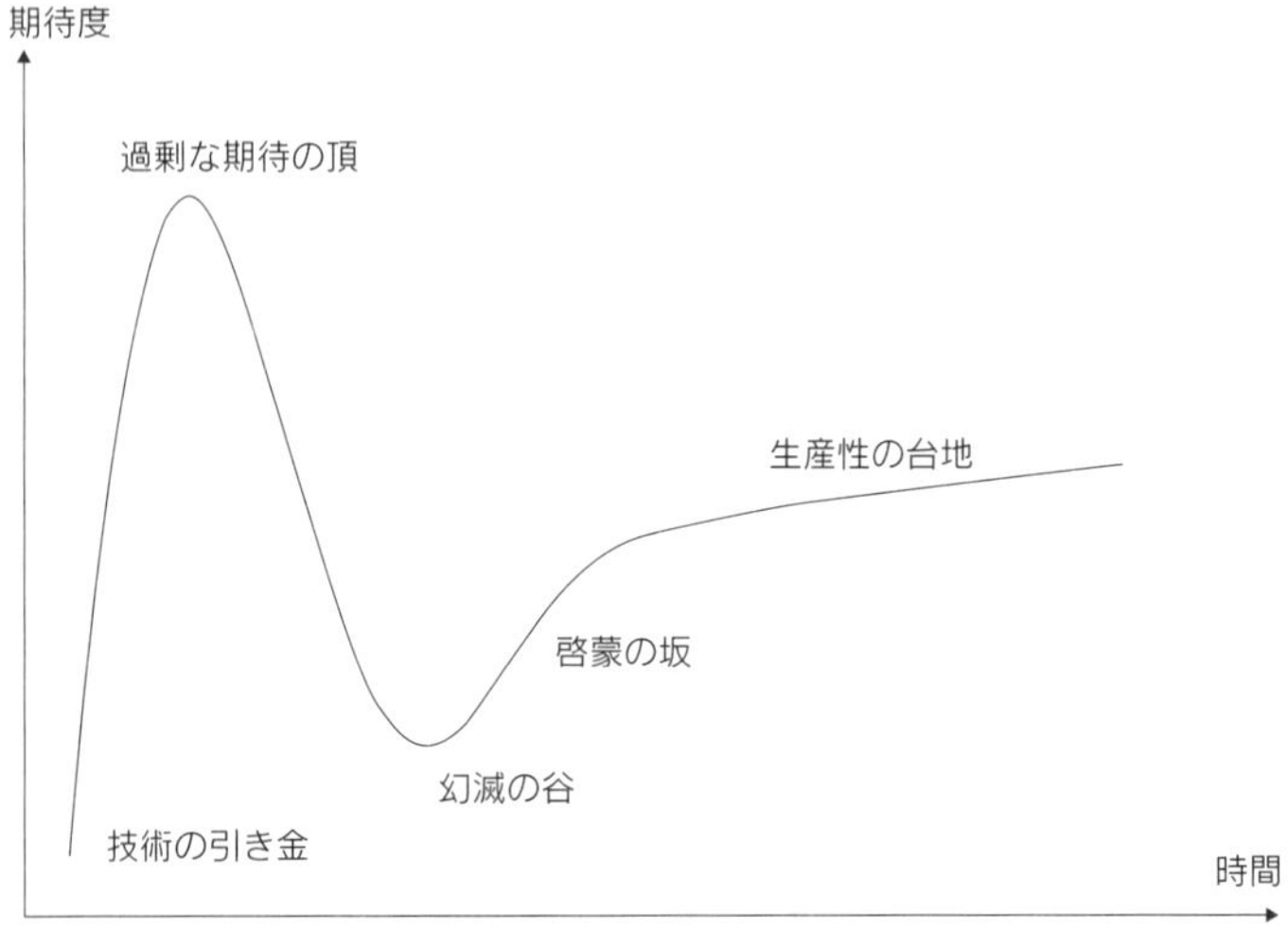

図**1**　ハイプ・サイクル

（出所）　フェン＝ラスキノ（2011）に基づいて筆者作成

ルギーについては、既に「ハイドロジェン・ハイプ」という語が広く用いられるまでに過剰な宣伝効果の弊害が懸念されている状況にあることも事実である（ロム、二〇〇四：二〇〇五、ローランド・ベルガー、二〇一四）。

燃料電池応用製品の概況

水素エネルギーとは、水素と酸素が結びつくときに発生する電気の利用や、水素を燃焼材として使うことを言う。水素をつくりだす方法には、水を電気で水素と酸素に分解する方法、石炭、天然ガス、メタンガスなどに触媒を加えて取り出す方法、製鉄所のコークス炉で発生するガスから取り出す方法などがある。

このような水素エネルギーに対する政策的な期待は、近年のわが国においても急速に高まっている。政府の「日本再興戦略」（改訂 二〇一四）や、東京都をはじめとするいくつかの自治体の政策において、「水素社会の実現」が目標に掲げられていることには、こうした期待が端的に反映されている。その背景には、水素エネルギーを利用した家庭用燃料電池「エネファーム」や燃料電池車（ＦＣＶ）が一般販売されたことがある。本節では、これら燃料電池応用製品の概況を示しておく。

エネファーム

エネファームとは、家庭用燃料電池の共通ブランドで、都市ガスやＬＰガスから水素を取り出し、空気中の酸素と反応させて、電気を発生させるシステムである。発電時の排熱を利用して給湯することもでき、「コージェネレーション・システム」とも呼ばれている。

発電所から一般家庭などに送電する従来のシステムでは、送電ロスも起こるため、自宅で発電するエネファームはエネルギー利用率が高いという利点がある。エネルギー利用率は、排熱を利用しない火力発電所から送電する従来システムでは37％であるのに対し、エネファームでは79～86％とされている。また、エネファームでは都市ガスなどから水素を取り出す過程で二酸化炭素を発生させるが、エネルギー利用率が高いことから、二酸化炭素排出量の削減効果も高いとされている。

エネファームは、日本のメーカー数社が販売しており、メーカー希望小売価格は195万円から215万円である。

一般家庭がエネファームを購入した場合の効果として、光熱費（ガス料金と電気料金）の節約があげられている。例えば戸建住宅4人家族の世帯にエネファームが導入されると、従来のシステムでは年間約29万円かかっていた光熱費が22万円程度になり、年間約7万円節約できるという試算結果がある。この場合、エネファームの購入価格が200万円であったとすると、元手を取り戻すには約29年かかることになる。しかし、エネファームの耐用年数は10年程度と言われている。

燃料電池車

燃料電池車とは、水素と空気中の酸素を反応させて電気をつくり出す燃料電池を動力源とする自動車であり、電気そのものを外から供給して走らせる電気自動車とは区別される。燃料電池車は、ガソリン車のように二酸化炭素を排出せず、水素と酸素の化合による水を出すだけである。しかし、燃料電池車を走らせるために必要な水素をつくり出す過程では、二酸化炭素が発生する。燃料電池車に供給する水素をつくり出す際に発生する二酸化炭素の量は、その方法によって異なるが、都市ガスや天然ガスから取り出す方法を使った場合（78～79g・CO_2／km）は、電気自動車に供給する電気をつくり出す際に発生する二酸化炭素の量（55g・CO_2／km）よりも多くなる。

トヨタ自動車が一般向けに発売した燃料電池車「ミライ」は、メーカー希望小売価格723万6千円で、クリーンエネルギー自動車補助金（202万円）の適用を受けると、価格は521万6千円になる。「ミライ」の一回当たり水素充填時間は3分程度であり、一充填走行距離は650kmとされている。水素のフル充填には5千400円かかることから、走行距離1km当たりの費用は8・3円と試算される。

水素を供給する水素ステーションには、商用と研究用の2種類があるが、一般の燃料電池車が水素を充填できるのは商用ステーションのみである。二〇一五年二月現在、燃料電池実用化推進協議会ホームページの「水素ステーション一覧」に掲載されている全国の商用水素ステーションは28カ所（うち開所予定12カ所、建設中9カ所）となっている。

なお、わが国の政府が水素エネルギー社会の実現に向けた政策を推進していることを背景に、燃料電池実用化推進協議会は、二〇一五年以降、水素ステーションの普及が進み、二〇二五年には全国で千カ所に達すると見込んでいる。因みに、ガソリンスタンドは、二〇一三年度末現在、3万4千706カ所にある(資源エネルギー庁HP)。

鍵概念としての双曲割引

過剰な期待の後に極端な幻滅が招来されるという認知的プロセスが何故生じるのかを読み解くための鍵は、行動経済学の成果から得られる。この分野における研究は、現在消費と未来消費のトレードオフを表す「割引率」が、時間軸上で一定ではないことを証明する過程で、多くの興味深い実験結果をもたらしている。

一九八九年にイスラエルの大学で行われた実験では、1年後に千ドル受け取ることになっているとき、受け取りを早めて、いま現在受け取る場合、いくらなら等価と感じるかという質問から得られた割引率は約15%であったが、いま現在千ドル受け取る代わりに、1年後に受け取る場合の割引率は40%に跳ね上がったと報告されている(依田、二〇一〇)。これは、受け取りの先送りが、高いプレミアム要求を喚起する傾向にあることを示唆している。このような感情の揺れは、新技術に関する誇張宣伝によって、その効用を恰もいま享受できるかのような過剰な期待を持たされた後で、当該技術の普及と効用の享受が遅延することに気付いたときには、その将来の効用を大きく割引く(幻滅する)傾向となって現れるであろう。

ところが、前述の実験では、遅滞時間を1年の代わりに、2年、4年と延ばしてみたところ、どちらのケースでも割引率は10％に下がったという結果も報告されている。このような傾向は、人間の不忍耐の程度[3]が激しく低減するのは現在の利得と未来の利得のトレードオフの場合であり、近未来の利得と遠未来の利得のトレードオフの場合にはほとんど低減しなくなることを示唆するものと解釈され、双曲割引（Hyperbolic Discounting）と呼ばれている。[4]これより、新技術の効用を享受できる時点がいま現在ではなく将来であることが正しく理解されていれば、そのタイミングに遅延が生じてもハイプ・サイクルに記述された極端な幻滅は回避できるという可能性が示唆されるであろう。

データ

以下では、水素エネルギーに対する期待がハイプ・サイクルに陥るリスクの検証と、ハイプ・サイクルの発生メカニズムを解明する鍵概念としての双曲割引の妥当性の検証を目的として、筆者らが実施した分析の結果を紹介する。[5]

分析に用いるデータは、二〇一五年三月にウェブ調査法で実施した大規模質問票調査により取得した。調査客体は、全国の中核市・政令市及び東京都23区に居住する20歳以上人口を母集団として層化比例抽出した8千858名である。調査票は筆者らが設計したが、データの収集作業は調査会社（マクロミル社）への委託により実施した。

この調査では、まず水素エネルギーとその応用製品に関する基礎情報を回答者に提供した上で、回答者の環境意識、エネファームや燃料電池車に対する購入意思、水素ステーションの設置に対する認識（NIMBY性向）、及び水素社会に対する認識を把握するための質問に回答してもらっている。また、双曲割引を検証するため、主観割引率に関する質問項目を配置している。

次節から分析結果について述べる。

燃料電池応用製品の購入意思

燃料電池応用製品の現時点における価格、経済性、環境負荷低減効果などと、それらの条件に対する市民（消費者）の期待度（要求水準）の間に乖離が存在する場合、満たされる時期を遅延された期待は、幻滅に転化する可能性がある。そのような乖離の存在は、燃料電池応用製品の購入意思に関する調査結果により検証することができる。

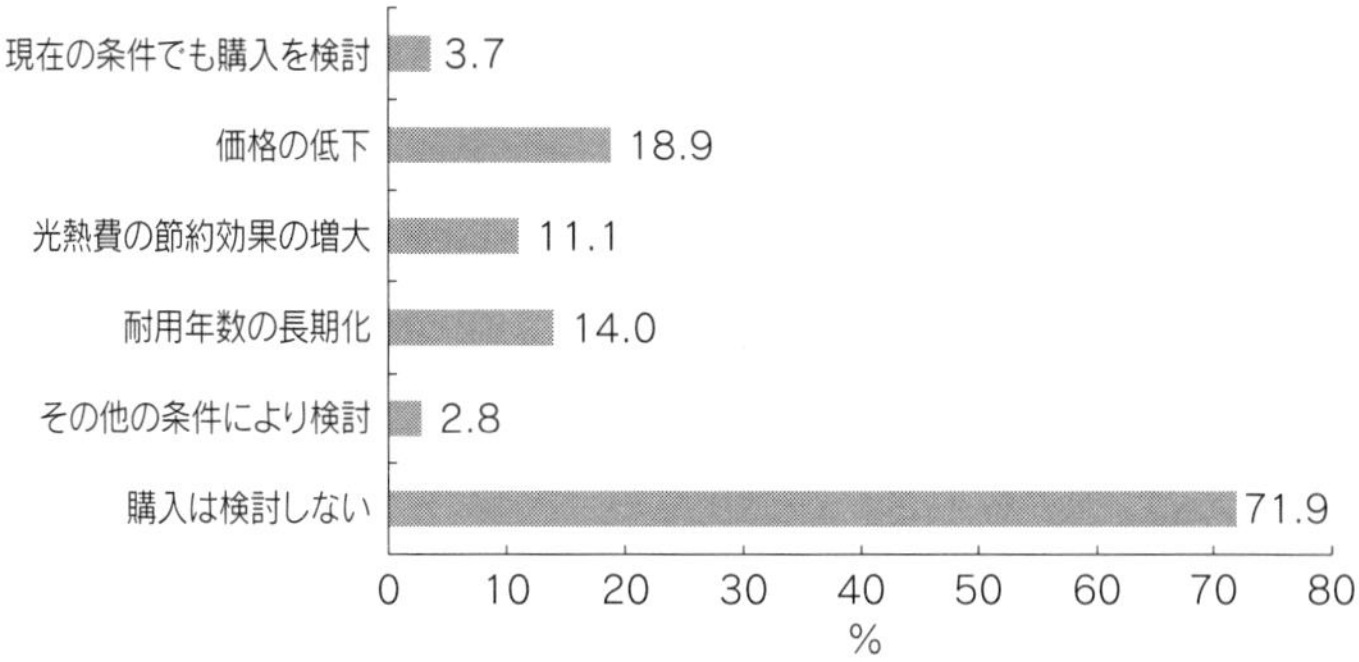

図2　エネファームの購入を検討する条件（複数回答：N=8,233）

図2は、エネファームの購入を検討する条件に関する調査結果である。これによると、現在の条件（価格、耐用年数）でも購入を検討したいとする回答は3・7%に過ぎないが、価格が低下すれば購入を検討したいとする回答は18・9%、耐用年数が長期化すれば購入を検討したいとする回答は14・0%の回答者から得られた。

しかし、価格の低下を購入検討の条件とする回答者に望ましい価格を回答してもらった結果は平均81万円以下であり、現在のメーカー希望小売価格である200万円前後との間に大きな乖離が存在することが示された。また、耐用年数の長期化を購入検討の条件とする回答者に望ましい耐用年数を回答してもらった結果は平均23年以上であり、ここでも現状の耐用年数である約10年との間に倍以上の乖離が存在することが分かった。

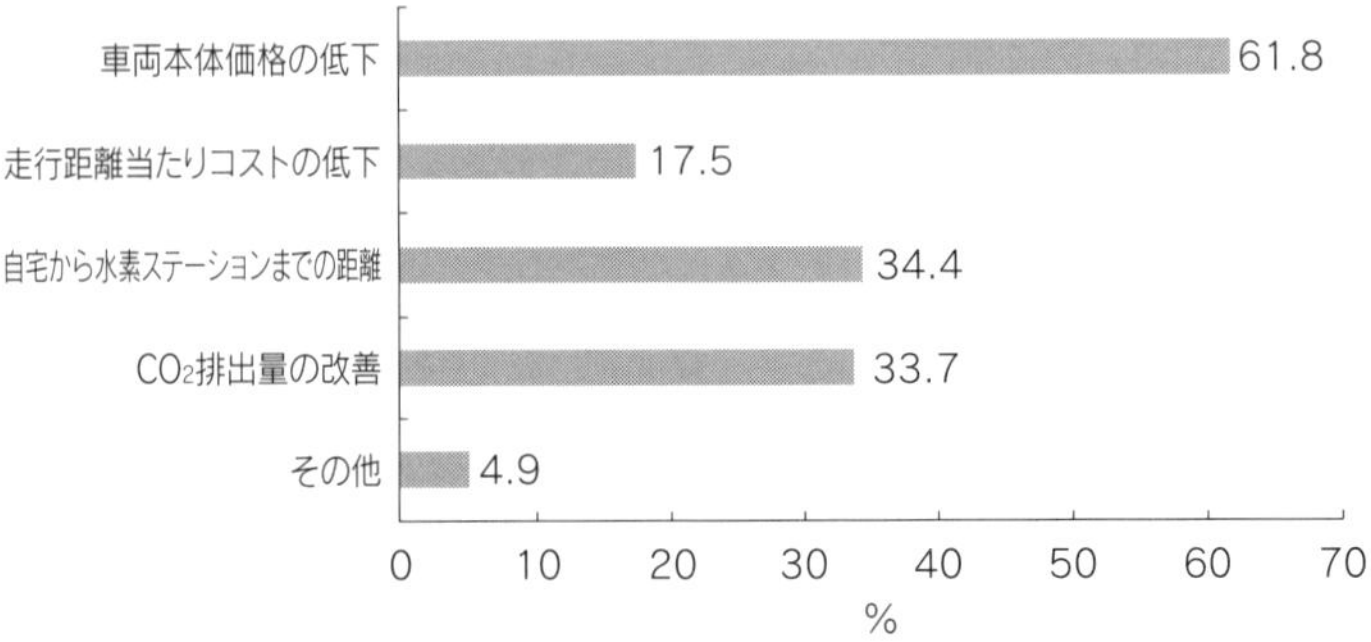

図3　燃料電池車の購入を検討する条件（複数回答：N=2,817）

自家用車を購入する次の機会に燃料電池車を購入したいとする回答は5・0％に止まったが、「価格等の変化によっては燃料電池車を購入したい」とする回答割合は31・8％に上った。図3は、この31・8％の回答者に対し、購入を検討する具体的な条件について質問した結果である。これによると、「車両本体価格の低下」とする回答割合が61・8％で突出して高く、「自宅から水素ステーションまでの距離」とする回答割合が34・4％でこれに次いでいる。

さらに、車両本体価格の低下を条件として挙げた回答者に望ましい価格を回答してもらったところ、その平均値は255万円以下となった。現在市販されている燃料電池車であるトヨタ自動車「ミライ」のメーカー希望小売価格は723万6千円であり、クリーンエネルギー自動車補助金（202万円）の適用を受けても価格は521万6千円になることから、燃料電池車についてもエネファームと同様、価格において現状と期待の乖離が大きいことが明らかになった。

また、水素ステーションまでの距離を条件として挙げた回答者に望ましい距離を回答してもらったところ、その平均値は4・4㎞以内となった。この値には、自宅からガソリンスタンドまでの距離の現状が基準として反映されていると考えられる。燃料電池実用化推進協議会のシナリオでは、水素ステーションは二〇二五年に全国千カ所に達すると見込まれているが、この普及度は、ガソリンスタンドの基数が二〇一三年末現在で3万4千706カ所に達していることからみると、消費者の要求水準には遥かに及ばないものとみられる。

燃料電池応用製品の購入性向と主観割引率の関係

前述の質問票調査では、回答者の主観割引率を把握するため、以下の項目に回答してもらっている。

・いますぐ10万円もらうことと、1年後に□万円もらうことの満足が、あなたにとって

表 **1**　主観割引率と燃料電池応用製品の購入性向の相関

	相関係数	N
エネファームの望ましい本体価格	－0.101**	1539
FCV の望ましい車両本体価格	－0.062*	1698

** : 1 %水準で有意。* : 5 %水準で有意。

等しくなるように、□に数字を書き込んでください。

回答データをxとすると、割引率rは（x-10)/10*100で求められる。単位の誤認等によるものとみられる明らかな異常値を除外した後の割引率の平均値は382・0%となった。この値は、1年後の38万2千円を現在の10万円と等しくする割引率を意味している。

この主観割引率と、エネファーム及び燃料電池車について本体価格の低下を購入条件とした回答者が望ましいとする価格との相関係数を計測したところ、表1に示す結果を得た。

この結果にみられる負の相関は、主観割引率が高い人ほど、低い本体価格を望む傾向を示しており、割引率の理論的な意味と整合している。これより、主観割引率は環境意識を記述する概念としても有用であることが窺える。

双曲割引の検証

双曲割引の存在を検証するための質問項目としては、以下の2問を設定している。

・いますぐ10万円もらうことと、□カ月後に15万円もらうことの満足が、あなたにとって等しくなるように、□に数字を書き込んでください。
・1年後に10万円もらうことと、□年後に15万円もらうことの満足が、あなたにとって等しくなるように、□に数字を書き込んでください。

これらの回答データについても明らかな異常値を除外した上で平均値を計測したところ、最初の質問に対する回答データでは11・1カ月（約1年）という値を得たが、2番目の質問に対する回答データでは、3・8年という値、つまり2・8年の遅延を許容するという結果を得た。

この結果は、遅滞時間に伴って割引率が低減する傾向、すなわち双曲割引の存在を示唆している。

鵞鳥を殺してしまわないために

本章では、イノベーションの普及プロセスにおける課題への理解を深めるため、イノベーションの受容に歪みをもたらす現象として近年注目を集めているハイプ・サイクルを取り上げ、その発生メカニズムが、行動経済学の領域で発見された双曲割引を鍵概念として読み解けることを示した。

双曲割引が帰結する不合理な行動は、現在の利得を急ぐあまり金の卵を産む鵞鳥を殺してしまう愚かさに喩えられることがある。この寓話から、エマージェントな技術がもたらす価値への性急な期待は、その期待が直ちに満たされないことが明白になったときには極端な幻滅へと反転し、その技術の息の根を止めてしまうかも知れないという教訓を汲むことができる。それが現実となれば、幻滅の谷の後で啓蒙の坂を登り、生産性の台地に至るというハイプ・サイクルの後半の局面は、永久に訪れることがないのである。

本章で事例とした燃料電池応用製品については、その現状と消費者の要求水準との間に、まだ大きな乖離が存在しており、このような状況の下で「水素社会」に対する過剰な期待を持たせる宣伝がなされると、幻滅の谷に陥る可能性が増幅するリスクを伴うことが、分析結果から示唆された。そのような宣伝は、しばしば新技術の開発・普及を促進するための政策的イニシアティブとしてなされることがあるが、却ってイノベーションに逆効果をもたらす虞がある。燃料電池に関する政策的イニシアティブにおいては、その効果がいま現在得られるのではなく、将来において得られるものであることに対する理解の増進を図ることが、幻滅の谷を回避する上でとりわけ重要であると言えよう。

注

1 例えば、個人が対象を解釈する上での手引きとなる「フレーミング」などの概念が導入されている。この点については、鈴木（二〇一三）を参照せよ。なお、本章では詳述しないが、普及研究の流れと並行して、新製品を開発、製造する企業側に関する研究においても、近年では認知的側面がイノベーションの方向を左右する要因として重視され、「解釈」、「正当化」などの概念が導入されている。こうした動向は、社会システム論などの領域で支配的となった社会構成主義の影響下にある。社会構成主義についてはバーガー＝ルックマン（一九六六）、ピンチ＝バイカー（一九八七）、その影響下で行われたイノベーション研究の成果としては加藤（一九九九）などを参照せよ。

2 ナノ・ハイプについて詳しくはベルーベ（二〇〇六）を参照せよ。

3 行動経済学では「時間選好率」によって計測される。

4 これは割引効用理論のアノマリーを説明するモデルの一つとして位置づけられている。なお、双曲割引の理論について詳しくは、エインズリー（二〇〇一）を参照せよ。

5 この研究は、文部科学省「革新的イノベーション創出プログラム（COI STREAM）」に採択された九州大学の「共進化社会システム創成拠点」事業の一環として実施したものである。同事業は、環境問題等の地球規模の問題を解決するための持続可能な社会システムの構築を目的としており、その研究活動は九州大学の多様なセンターが構成する「ユニット」が担っている。筆者がユニット長の任にある「科学技術イノベーション政策ユニット」は、他ユニットが開発した技術の社会実装を社会科学的な観点から支援することをミッションとしており、特に当該技術の社会実装に伴う問題を将来的な視点に立って把握し、それを新たな開発課題としてフィードバックさせる「バックキャスティング」の実践に取り組んでいる。このバックキャスティングの実践には、当該技術により実現が期待される社会システム像の明確化、ディマンド・サイドからみた問題点を抽出するためのサイエンス・コミュニケーションと大規模質問票調査の実施、課題の構造化と長期的なインパクトの評価、政策課題の分析と提言という一連の活動が計画されている。本章で紹介する分析は、佐々木一成教授が率いる「エネルギー研究ユニット」の研究対象である燃料電池について実施したものである。なお、分析結果は、永田他（二〇一五）に基づいている。

参考文献

Ainslie, George (2001). *Breakdown of Will*, Cambridge University Press.（山形浩生訳『誘惑される意志：人はなぜ自滅的行動をするのか』ＮＴＴ出版）。

Berger, Peter L. and Luckmann, Thomas (1966). *The Social Construction of Reality: A Treaties in the Sociology of Knowledge*, Anchor.（山口節郎訳『現実の社会的構成：知識社会学論考』新曜社）。

Berube, David M. (2006). *Nono-Hype: The Truth Behind the Nanotechnology Buzz*, Prometheus Bools.（五島綾子監訳・熊井ひろ美訳『ナノ・ハイプ狂騒：アメリカのナノテク戦略』上・下、みすず書房）。

Fenn, Jackie and Raskino, Mark (2008). *Mastering the Hype Cycle: How to Choose the Right Innovation at the Right Time*, Harvard Business Review Press.

Fenn, Jackie and Raskino, Mark (2011). *Understanding Gartner's Hype Cycles 2011*, Gartner, July 19. (https://

www.gartner.com/doc/1748018/understanding-gartners-hype-cycles）
依田高典（二〇一〇）『行動経済学：感情に揺れる経済心理』中公新書。
加藤俊彦（一九九九）「技術システムの構造化理論―技術研究の前提の再検討」『組織科学』33巻1号、69―79頁。
Moore, Geoffrey A.（1991）. *Crossing the Chasm,* HarperCollins Publishers.（川又政治訳『キャズム』翔泳社）。
Pinch, T. F. and Bijker, W. E.（1987）. The Social Construction of Facts and Artifacts, in W. E. Bijker, T. P. Hughes and T. Pinch（eds.）, *The Social Construction of Technological Systems,* MIT Press.
Rogers, Everett M.（1982）. *Diffusion of Innovation,*（Third Edition）, The Free Press.（青池愼一・宇野善康訳『イノベーション普及学』産能大学出版部）。
ローランド・ベルガー（二〇一四）「水素エネルギーの利用拡大を目指して―Hydrogen Hype（一時の盛り上がり）に終わらせないために」『THINK ACT』99。（http://www.rolandberger.co.jp/media/pdf/Roland_Berger_Shiten99_20140930.pdf）
Romm, Joseph J.（2004）. Hype about Hydrogen, *MIT Technology Review,* March 17.（https://www.technologyreview.com/s/402584/hype-about-hydrogen/）
Romm, Joseph J.（2005）. *The Hype About Hydrogen: Fact and Fiction in the Race to Save the Climate,* Island Press, 2005.（本間琢也・西村晃尚訳『水素は石油に代われるか』オーム社）。
鈴木智子（二〇一三）『イノベーションの普及における正当化とフレーミングの役割』白桃書房。
永田晃也・小林俊哉・西釜義勝（二〇一五）「Hydrogen Hypeを超えて：燃料電池に対する社会受容性の分析」研究・技術計画学会『第30回年次学術大会講演要旨集』592―598頁。

第5章

大学発技術の商業化による新たな事業創造

産学連携マネジメント

高田　仁

5

活発化する大学発の事業創出

近年、大学発のイノベーションに向けた動きが注目を集めている。例えば、iPS細胞の作製方法で、京都大学の山中教授がノーベル賞を受賞し、再生医療分野の新事業創出が加速している。あるいは、二〇一五年六月三〇日付の日本経済新聞で、東京大学の知財や人材を活かした「東大関連ベンチャー企業」が200社を超え、企業価値の総額が1兆円を超えたとの報道がなされ話題となった。我が国の産学連携は、既に一九九〇年代の後半から活発化していたが、この数年間は目に見える成果も多く、大学の存在感が増しているともいえる。

大学発技術の商業化の類型には、(a)研究者モデル、(b)TLO（技術移転オフィス）モデル、(c)LO（リエゾンオフィス）モデル、(d)インキュベーターモデルがある。(a)研究者モデルは、研究者自らが成果を情報発信し、商業化のパートナーを自分で見つけて技術を移転するものである。インフォーマルな活動が多いため実数の把握は困難だが、産学連携の多くはこのモデルが占めると推察される。ただ、研究者が情報発信や企業とのコミュニケーションに割ける時間は限られており、加えて研究者の〝営業力〟にはバラツキも大きいため、良いパートナー企業との出会いは偶然に依拠する面も大きい。(b)TLOモデルは、研究者に代わってTLOのスタッフが特許などを適切に取得・管理しながら、ライセンシー候補企業を探索し、技術移転を行うものである。研究者の時間不足や営業力不足をTLOスタッフによって補えるが、実はTLO自体もスタッフ数が十分とはいえない点が課題である。(c)LOモデルは、共同研究などを斡旋・管理する大学スタッフがパートナー企業のニーズと研究者を結びつけるモデルだが、TLOモデルと同様にスタッフ数に制約がある。(d)インキュベーターモデルは、大学内のインキュベーション施設に入居した研究プロジェクトや起業家を、専任のインキュベーション・マネジャーが支援しながら商業化を促すモデルだ。TLOモデルやLOモデルよりも踏み込んだ商業化支援を行える点が特徴だが、インキュベーターに入居するまでの過程に対して充分な支援がなされ難いという課題がある。

現状では、もっぱら前記(a)～(d)の類型のいずれか、あるいは組み合わせによって大学発技術の商業化が行われているが、企業へのライセンス成約率（対発明届出数）は、米国（二〇一三）で22％、日本（二〇一三）では26％に留まる。ライセンス先を大学発ベンチャーに限定するとその比率は大きく低下し、成約率（対発明届出数）は、米国（二〇一三）で4・3％、日本（二〇一三）では僅か0・2％に留まる。また、産学共同研究の総件数と総額は、二〇〇四年の国立大学法人化以降、順調に増加してきたが、実は1件あたりの平均金額は200万円台から変化していない。200万円とは、大企業内の研究開発プロジェクト予算としてみると極めて小さな額であることから、産学共同研究の多くは〝お試し〟や先端技術情報の獲得の域を出ていないともいえる。

このように、大学発のイノベーションに注目や期待が集まる一方で、現状を俯瞰すると、基礎段階にある技術が商業化される過程には、いまだ大きなハードルが横たわっているといわざるをえない。

大学発技術の商業化プロセスと産学連携

技術商業化の五つのステップ

そもそも、基礎段階にある大学発技術が商業化に至る間には、どのようなハードルが存在するのか？　Jollyは、一般的な技術商業化プロセスを五つの独立的な段階に分けて整理している（図1）。

第一段階は、Imagine（想像・探索）。ここでは、技術の原理や特性を把握したうえで、その技術が世の中のどこで使われそうか、商業化のアイデアをふくらませる。新聞等で、「●

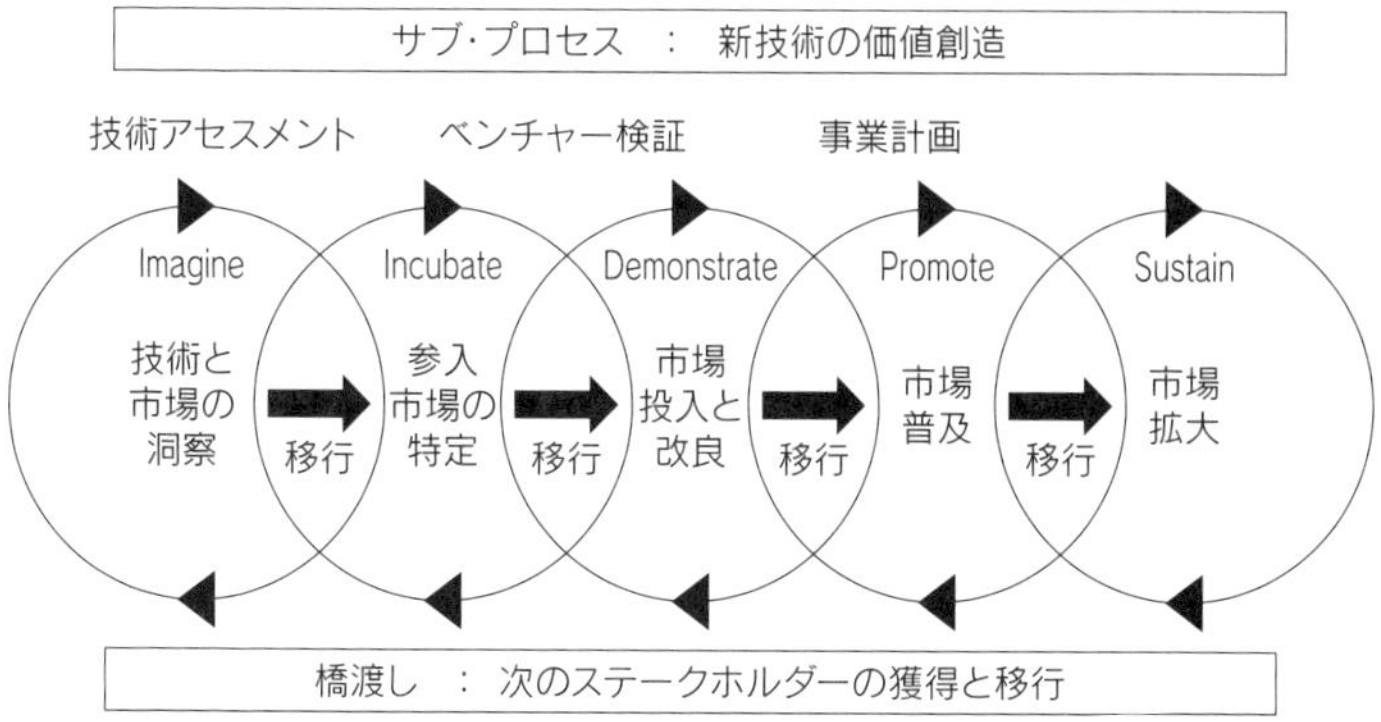

図１　Jollyの技術商業化モデル

●大学が新たな▲▲を発見」といった報道がなされる研究成果は、たいていこの段階にある。

第二段階は、Incubate（孵化）。ここでは、商業化のコンセプトをある程度絞って、概念実証（POC; Proof of Concept）を行う。そのため試作品を作ったり、追加の研究開発を行うが、ここでは大学と企業が共同研究を実施したり、場合によってはベンチャー企業を設立する。そのための開発資金が必要になるので、政府の研究開発補助金やベンチャーキャピタル（VC）などのリスクマネーが投入される。

第三段階は、Demonstrate（実証）。いよいよ初期製品を市場投入する。ここでは、製品が実際の使用に耐えうるかを検証し、不足する点があれば改良を加えて製品の性能や品質を上げていく。続く第四段階は、Promote（普及）で、市場での評価を高めてシェア拡大を図る。そして最後の第五段階は、

Sustain（維持）。市場シェアを維持拡大するために、バージョンアップしたり、製品ラインナップを増やしたりして、市場で長く売れるようにする。

以上述べたように、商業化の各段階は到達目標やステークホルダーが異なっている点がポイントだ。大学発技術の商業化で、特に不確実性が高く難易度が高いのは、最初のImagine（想像・探索）からIncubate（孵化）への移行だ。ここでは、技術の有用性や応用可能性がはっきりとしないことが多く、マネジメント如何では大きなビジネスへと発展する可能性がある一方で、その芽が早々に摘まれてしまうことも起こる。従って、この初期段階の産学連携マネジメントこそが、極めて重要なのである。

大学発技術の商業化初期　Imagine から Incubate への移行

では、どのようにして Imagine から Incubate へ移行すればよいのか？　第一段階の Imagine は、たいていは研究室でチャンピオン・データが取られ、学術論文として発表されたばかりなので、技術的完成度は低い。商業化の不確実性が高く、失敗確率も高い。そのような状況では、技術の原理や特性を把握しながら、その技術が世の中のどこで使われそうかを広く探索することが必要になる。技術の用途について、発明者自身も先入観に囚われている可能性があるので、技術の特性と市場（ユーザー）の欲求を丁寧に結びつける活動を行い、次のIncubate段階へと進めるための材料を集めなければならない。つまり、「技術価値」と「市場価値」の両方をバランスよく見極めることが重要である。

では、次のIncubate段階へと進める条件とは何か？　それは、商業化にコミットしてくれるステークホルダーの存在である。具体的には、自社の新製品に大学の新技術を組み入れることに興味を持つメーカー、ベンチャー企業を設立して革新的な新製品を世に送り出そうとする起業家、リスクマネーを供給するＶＣなどが主なステークホルダーとなる。そのようなステークホルダーの協力を得ながら、ＰＯＣ目的で追加的に研究開発を行ったり、試作品を作って潜在顧客の反応をみるといった活動を行う。このような活動を重ねて、製品コンセプトを絞り込んでいくのだが、この段階では多様な産学連携活動が発生する。大学研究者が企業の技術アドバイザーに就任する場合もあるし、企業と大学が本格的な共同研究を行い、そのため大学が保有する特許が企業にライセンスされる（あるいはそれを前提とするオプション契約を結ぶ）。既存の企業とのパートナーシップではなく、新たに大学発ベンチャー企業を設立して、商業化を加速する場合もある。

「死の谷」を超えるためのギャップ・ファンド

Imagine からIncubate へと移行し、市場ニーズを満たせるか否かを検証するには、追加的な研究開発や試作品を作製せねばならず、相応のコストがかかる。そこで、ギャップ・ファンドと呼ばれる特別な資金が重要な役割を果たす。

通常、大学等のアーリーな基礎研究は、公的資金で研究が進められ、その後、技術の商業的価値が顕在化してくると、民間企業が資金投入を開始する。しかしながら、公的資金から民間投資の間に横たわるギャップは極めて大きく、技術の多くは陽の目を見ないまま忘れ去られてしまうため、このギャップは「死の谷」とも呼ばれる。この「死の谷」を乗り越えるために供される資金がギャップ・ファンドと呼ばれる。

例えば米国では、「SBIR（Small Business Innovation Research）」と呼ばれる開発補助制度が一九八二年にスタートしている。米国の11省庁が予算の2・5％をＳＢＩＲに拠出することが義務化され、毎年日本円換算で2千億円超が中小・ベンチャーの先端技術開発に充てられている。また、商業化が成功した製品は、優先的に政府調達に組み込まれて「政府のお墨付き」を得られるメリットがある。

ＳＢＩＲは三つのフェーズに分かれる。第一が「フィージビリティ」で、そもそも商業化に取り組む価値があるか、最大10万ドル程度を投じて約半年かけて検証する。第二が「プロトタイピング（試作品開発）」で、製品コンセプトが実現できるかを、約2年間、最大75万ドル程度を投じて検証する。最後の第三フェーズはいよいよ商業化段階で、この段階では民間からの投資を引き出すことが義務付けられる。このように、商業化の可能性を検証しながら、徐々に民間資金の呼び込みを行うのがギャップ・ファンドの役割である。

近年は、政府だけでなく、大学や地域経済界が独自にギャップ・ファンドを提供するケースも出てきている。例えば、米国マサチューセッツ工科大学（ＭＩＴ）では、成功した起業家の寄附で設立されたDeshpande Centerが、「イグニッション・グラント（アイデアを発明に結びつけるため、５万ドルを上限に拠出）」、「イノベーション・グラント（民間資金を呼び込めるレベルまで技術開発を行うため25万ドルを上限に拠出）」の２段階の資金提供を行い、商業化を促進している。１件あたりの平均支援額は約10万ドルであるのに対して、結果として設立されたベンチャー企業1社あたり、平均約90万ドルの資金調達に成功するなど、商業化を促進するうえでギャップ・ファンドが果たす役割は大きい。

日本にも、米国の制度に倣って「日本版ＳＢＩＲ」と呼ばれる制度はあるが、各省庁の一律の予算拠出が義務化されていないといった課題も指摘されている。そのようななか、大学発技術の商業化に必要なギャップ・ファンド機能を充実させるため、文部科学省は、「大学発新産業創出拠点プロジェクト（通称ＳＴＡＲＴ）」を二〇一二年からスタートさせている。これは、ＶＣを事業プロモーターとして位置づけ、商業化の可能性がありそうな大学の研究プロジェクトを発掘し、イノベーション創出を促進することを目的としている。

事業プロモーターとなったＶＣは、大学の有望な研究開発プロジェクトを見出し管理しながら、並行してマーケティング調査や技術開発戦略、アライアンス戦略等を検討して商業化の実現性を高め、プロジェクト終了時には、事業を担うベンチャー企業の設立が期待されている。この間、大学に対して研究開発予算が措置されるが、あくまでも事業プロモーターと連携して、商業化に必要な研究プロジェクトを完遂することが求められる。

商業化を担う人材育成への注目

商業化の対象となる技術の評価で最も重要なのは、技術価値を理解したうえで、市場価値を見出すこと、つまり、技術の特性（フィーチャー）を顧客の恩恵（ベネフィット）に転換できるか否かがカギをにぎる。では、この転換を担う人材はどこに存在するのだろうか？　企業内で新規事業を目論むイノベーターかもしれないし、個人でベンチャー設立を目論む起業家の可能性もある。ひとついえることは、大学発技術の商業化を実行できる知識やスキルを持った人材は十分ではなく、我が国に限らず世界中で求められているということだ。

そのような人材を育成するため、教育の場を活用して、「実践力を高める人材育成」と「実在する技術の商業化計画の立案」を同時に行う教育プログラムが注目されている。米国テキサス大学オースチン校ビジネス・スクールには、Master of Science in Technology Commercialization（MSTC）という学位課程が設置され、「Quick Look」と呼ばれる技術評価ツールを用いて商業化の可能性を検討し、その後の起業に結びつける実践的教育が提供されている。また、MITやボストン大学などでも先進的に取り組まれている。欧州でも、例えばスウェーデンのチャルマース工科大学のSchool of Entrepreneurshipでは、大学や企業が保有する技術資源を活用して、大学院生が事業計画を立案する「Encubator（Education とIncubatorを組み合わせた造語）」と呼ばれる実践教育が取り組まれており、一九九七年のプログラム開始以降、修了生が60社を起業し、うち8割が生存中という成果を得ている。

それら実践的プログラムは、以下のような特徴を持つ。

a．社会人を含む、多様な専門分野からなる受講者
b．実在の技術シーズを題材とする実践的な内容
c．ギャップ・ファンドやメンター、ビジネスプラン・コンテストなど、学内外の支援ネットワーク（エコシステム）との接続性

また、商業化に不慣れな受講者が効率よくポイントを押さえながら技術評価を行うため、しばしば評価ツールが活用される。前述のテキサス大学オースチン校やボストン大学ビジネス・スクールの科目では、「Quick Look / First Look」という技術評価ツールが用いられている。これはNASAで開発され、テキサス大学オースチン校で発展し広く使用されているツールで、20〜40時間ほどの短時間で大学等の研究成果の商業化の可能性を評価できる。

「Quick Look」の評価項目は、「技術の概要」、「技術の便益」、「対象市場」、「市場の関心」、「技術開発状況」、「知的財産」、「参入障壁」から構成され、それらをバランスよく評価したうえで、最終的に当該技術の「市場参入の推奨案」を立案し、それをスコア化して、「Go」、「条件付きGo」、「Kill」を判断する内容となっている。

評価の過程で最も重要なのは、市場価値の有無を、専門家（企業内の事業開発あるいはマーケティング等の担当者など）へのインタビューを通じて明らかにすることだ。事業計画の策定では、しばしば有償の市場調査レポートなども活用されるが、これらは二次情報であり、企業が抱える真の〝痛み〟やユーザーの〝隠れたニーズ〟まで把握することはできない。市場全体のバリューチェーンを把握したうえで、その分野の専門家やユーザーに直接接触し、インタビューを重ねることで、顧客が求める真のニーズがみえてくる。教育プログラムの中でチームのメンバーが手分けをして、このような一次情報を丁寧に収集し、技術の特性（フィーチャー）を顧客の恩恵（ベネフィット）へと転換して商業化のコンセプトを固めるところが、技術商業化の初期段階における最大のヤマ場なのである。

新たな類型としての「教育モデル」

大学発技術の商業化には四つのモデルがあることを述べたが、前述のような実践的教育プログラムは、商業化の「教育モデル」とも呼びうるものである。前出のチャルマース工科大学の取り組みに関するMiddletonら（2011）の分析や、ノースカロライナ州立大学を対象としたMeyerら（2011）の分析などもふまえると、このモデルの特徴として、以下の四点が挙げられよう。

(1)　大学内の技術商業化資源の拡充

四つのモデルのいずれにも共通する人的資源の制約に対して、この「教育モデル」では、学生が技術評価と商業化プランの検討を行うことから、大学の産学連携本部やＴＬＯなどの人的資源を補完し拡充することにつながる。

(2)　商業化スキルを有する人材の育成

「教育モデル」が普及することで、商業化の標準的手法を理解し身に付けた人材が増え、結果的にイノベーション創出を担う人材の層が厚みを増すことが期待できる。

(3)　オープンで中立的な評価

アーリー段階にある大学発技術の評価を企業が行う場合、自社事業に関連する領域のみに特化して評価してしまう可能性が高いが、「教育モデル」では、多様な学生（ビジネス・スクールの社会人学生や理系の大学院学生）が中立的な立場からオープンで偏りなく評価を行うため、より広く商業化の可能性を探索し、評価することができる。

(4)　大学発技術の商業化の促進

評価に取り組むチームは、参入すべき市場特性の分析や商業化の推奨案など、発明者やＴＬＯに有用な情報を提供するため、それをきっかけに商業化が促進される可能性が高まる。また、ビジネスプラン・コンテストなどへの応募を通じて事業計画をブラッシュアップし、投資家や事業会社の目に触れる機会を増やすことによって、大学発技術の商業化が促進される。

このような大学発技術の商業化を目的とする実践的教育プログラムは、ＱＢＳで筆者が

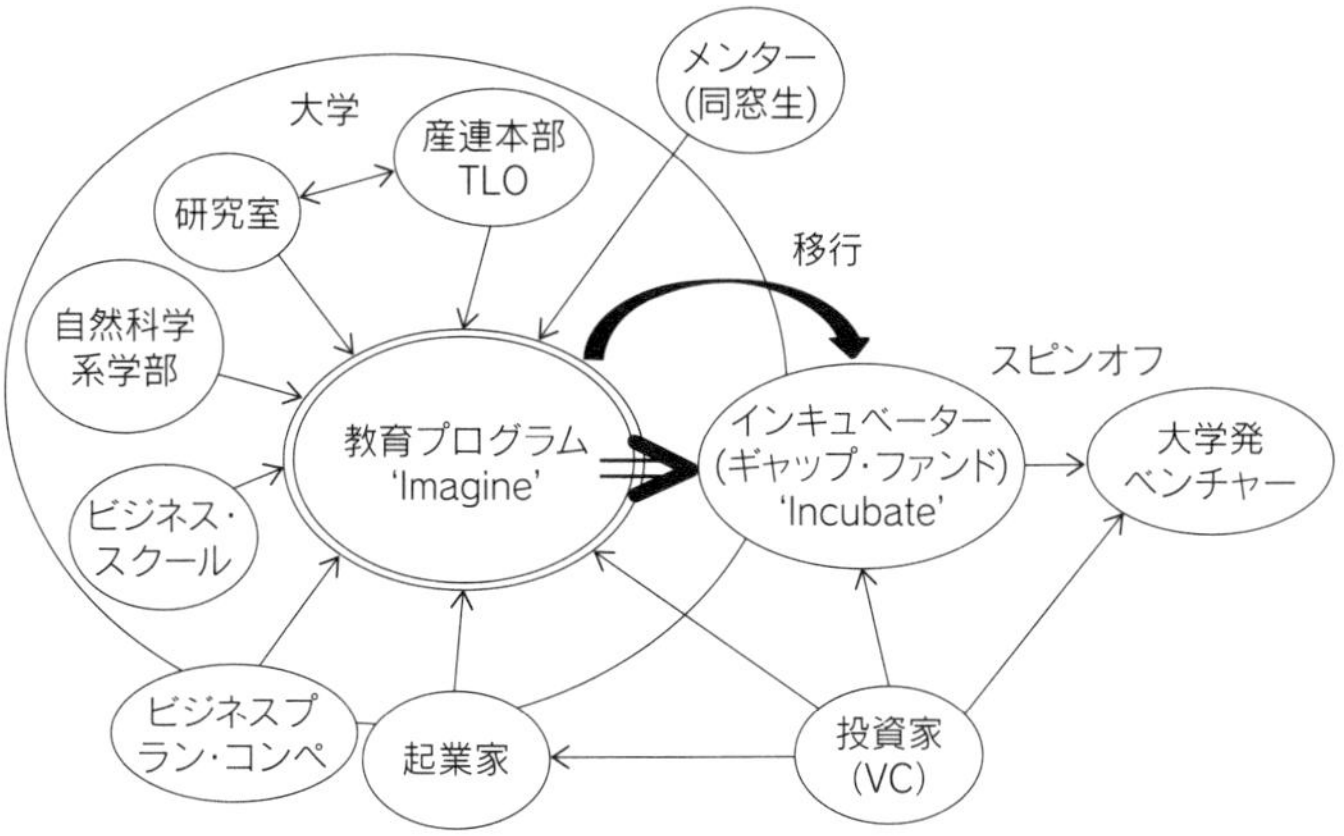

図２　技術商業化の「教育モデル」の概念

担当する科目「産学連携マネジメント」や、大阪大学の「G-TEC（Global Technology Entrepreneurship and Commercialization）」でも取り組んでいる。G-TECは、ボストン大学の技術商業化オフィスの元ディレクターで、AUTM（大学技術管理者協会）元会長のAshley Stevens博士を講師に迎え、氏がボストン大学ビジネス・スクールで提供している科目をほぼそのままの内容で２週間の集中研修として提供するものである。筆者らの研究からは、商業化に必要な能力がプログラム受講によって顕著に向上するとともに、商業化の促進にはエフェクチュエーションと呼ばれる起業家に特有の行動様式による不確実性の縮減が重要であることが示唆されている。

この商業化の「教育モデル」の普及によっ

て、大学発の新たなイノベーション創出が活発化することが期待される。また、多様なバックグラウンドの社会人学生が集まるビジネス・スクールは、「教育モデル」の拠点として有効に機能しうるのではないかと考えている。

参考文献

TAKATA, M. (2011). Study of the process of university technology commercialization: The roles and effects of educational courses. *International Journal of Engineering Innovation and Management*, 1(1), 15-28.

The Association of University Technology Managers (AUTM). (2014). *AUTM Licensing Survey 2014.*

大学技術移転協議会（二〇一五）『大学技術移転サーベイ２０１４年度版』。

Jolly, V.K. (1997). *Commercializing New Technologies, Getting from Mind to Market*, Boston: Harvard Business School Press.

高田仁（二〇一〇）「大学発技術の商業化を担う人材の育成」『大学技術移転サーベイ２００９年度版』。

内閣府（二〇一〇）「SBIR 制度の国際比較」(http://www8.cao.go.jp/cstp/tyousakai/seisaku/c_torimatome/kihonhoushin7.pdf)

MIT Deshpande Center ホームページ (http://deshpande.mit.edu)

文部科学省「大学発新産業創出拠点プロジェクト（START）」(http://www.jst.go.jp/start/)

Meyer, A.D., Aten, K., Krause, A.J. and Metzger, M.L. (2011). Creating a university technology commercialisation programme: Confronting conflicts between learning, discovery and commercialisation goals. *Int. J. Entrepreneurship and Innovation Management*, 13 (2), 179-198.

Ollila, S. & Middleton, K. W. (2011). The venture creation approach: integrating entrepreneurial education and incubation at the university. *Int. J. Entrepreneurship and Innovation Management*, 13 (2), 161-178.

Lackéus, M. & Middleton, K. W. (2011). Venture creation programs: entrepreneurial education through real-life content. Babson College Entrepreneurship Research Conference 2011.

大阪大学「G-TEC（Global Technology and Entrepreneurship and Commercialization）」(http://www.uic.osaka-u.ac.jp/gtec/)

サラス・サラスバシー（二〇一五）『エフェクチュエーション』加護野忠男、高瀬進、吉田満梨訳、碩学舎。

第6章

マーケティングにおける市場志向の重要性

優れた製品成果をもたらす市場志向とは何か

マーケティング

岩下　仁

6

マーケティングにおける市場志向

マーケティング界で重要といわれてきた顧客満足やブランド・ロイヤルティといった変数の一つに、市場志向（Market Orientation）という概念がある。マーケティングが組織において適切に実行された場合、どのような商品が開発されるのか、果たして効果的な成果がもたらされるのか、そして企業収益が向上するのか。これらの疑問に、市場志向は解をもたらす。世界中のマーケティングを専門とする研究者や実務家は、市場志向とその周辺メカニズムについて解明するべく、数多くの研究に取り組んできた。現在では、市場志向をタイトルに付した千本以上もの学術論文が報告されている[1]。

本章の目的は、マーケティングの中核的概念である市場志向について先行研究の知見を踏まえ説明することにある。構成は、以下のとおりである。第一に、市場志向概念について説明する。第二に、市場志向がもたらす成果について述べる。第三に、市場志向を組織で効果的に浸透させるにはどうすればよいかを論じる。第四に、組織に浸透した市場志向をどのように測定するのかを説明する。最後に、市場志向のほかに組織に存在する志向性について論じる。

市場志向とは何か

市場志向とは端的にいえば、マーケティング的な思想や発想を組織に浸透させていくことを示している。市場志向概念はマーケティング界で最も権威のある学術誌である*Journal of Marketing*誌において、Narver and SlaterとKohli and Jaworskiという二つの研究グループが一九九〇年という同時期に提唱したためその後、単一概念が二つの視点から併存している。Narver and Slater（1990）は組織文化側面から、市場志向とは買手に継続的に優れた価値を創造するために必要な行為であり、その価値を効率的に創造するパフォーマンスを創る文化であると定義づけている（Narver and Slater, 1990, p.21）。一方、Kohli and Jaworski（1990）は市場情報側面から、市場志向とは現在と未来の顧客ニーズに関わる市場情報を生み出し、組織内で市場情報を普及させ、市場情報に反応することであると定義づけている（Kohli and Jaworski, 1990, p.6）。市場志向には上記のとおり二つの起源があるため、二元性（Dualism）があるといわれ（Griffiths and Grover, 1998）、米国マーケティング協会（American Marketing Association）や米国Marketing Science Instituteを中心に度々議論が重ねられている（eg., Deshpandè and Farley, 1998; Griffiths and Grover, 1998）。

市場志向の構成要素

前節では、市場志向の概要について示してきた。それでは、市場志向の具体的な中身はどうなっているのだろうか。本節では、市場志向の中身、すなわち構成要素について、Narver and Slater と Kohli and Jaworski が提唱した市場志向をそれぞれみていこう。図1に示されるとおり、Narver and Slater（1990）では市場志向が、「顧客志向」「競合志向」「職能横断的統合」の三つから構成されるとしている。顧客志向とは、顧客に目を向けて行動していくことを示す。優れたマーケティング活動を実現するためにはやはりまず、顧客に目を向けなければならない。

競合志向とは、競合他社の動きや商品を注視する行動を表す。ＰＯＳによる競合他社のモニタリングやベンチマークといったマーケティング活動が該当する。職能横断的統合とは、部門間が連携をして、コミュニケーションを円滑に図っていくことをいう。マーケティング部門のみならず、組織全体がマーケティングの重要性を理解しなければならない。

以上から、Narver and Slater（1990）が提唱した市場志向を組織で実現するためには、「顧客志向」「競合志向」「職能横断的統合」について、経営者やマネジャーは従業員たちに説

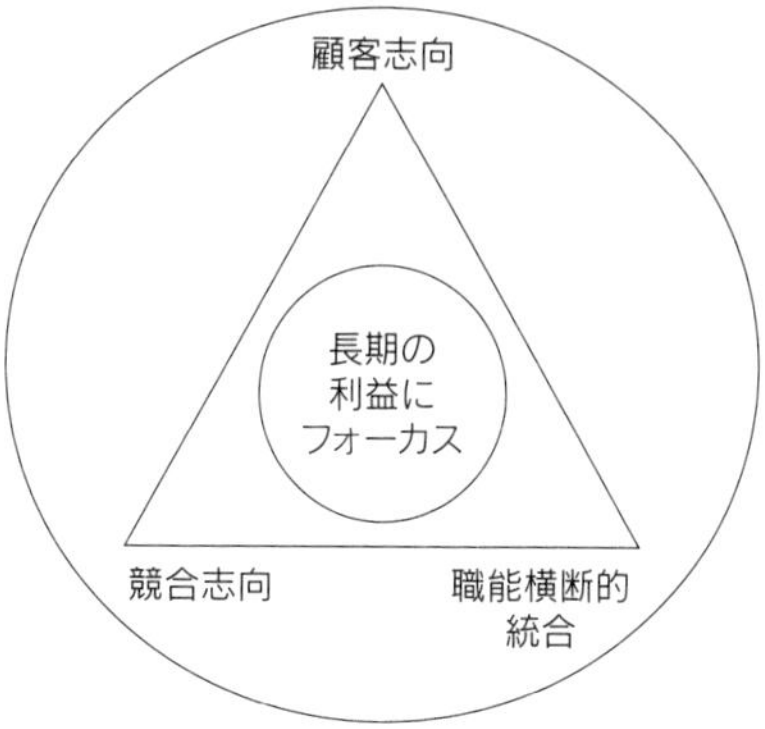

図１　市場志向の概念図
（出所）　Narver and Slater（1990, p.23）

いていく。

一方、Kohli and Jaworski（1990）は、市場情報に基づいて市場志向を表している。市場情報とは、顧客、売上、商品そして競合他社に関する一連のマーケティング情報を示す。定量データとしてはＰＯＳデータや競合製品のシェアが、定性データとしてはヒアリングやインタビューの結果が、この市場情報にあてはまる。

Kohli and Jaworski（1990）では、市場志向を「市場情報の生成」「市場情報の普及」「市場情報の反応」という三つの構成要素から捉えている。市場情報の生成とは、顧客のニーズや選好に影響する外部環境を分析し顧客を理解する仕組みを作りだすことをいう。市場情報の普及とは、他の部門とコミュニケーションをとり市場情報を伝達しあうことを示す。市場情報の反応とは、従業員が情報に反応することを示している。

Kohli and Jaworski（1990）は、組織内における市場情報のプロセスに注目しながら、これら三つの要因を組織活動で実現することで、市場志向型組織が実現されると説いている。

市場志向がもたらす成果

市場志向を組織に根付かせることができたならば、どのような成果がもたらされるのだろうか。先行研究により、市場志向は組織に様々な成果をもたらすことが確認されている。まず市場志向はどのような成果変数に影響を及ぼすのだろうか。成果変数とは、企業が最終的に得られる成果を表す指標である。ビジネス・パフォーマンス（eg., Matsuno and Metzer, 2000）、新製品開発パフォーマンス（Atuahene–Gima, 1995）、あるいは顧客親密性（Tuominen, Rajala and Moller, 2004）といった成果変数に、市場志向はプラスに影響するといわれる。

成果変数のみならず、マーケティングの鍵となる変数にも市場志向はポジティブな影響をもたらす。鍵となる変数とは、マーケティングの世界において繰り返し議論されてきた重要概念である。

Im and Workman（2004）では、製品開発で優れた製品を生みだすといわれる創造性（Creativity）を取り入れた研究に取り組んでいる。彼らは創造性を、ユニークな差異を表す新奇性、標的となる顧客に対し意味を明確にする意味性という二つの構成要素に分類している。結果をみると、顧客志向は意味性にプラスの、新商品の新奇性にはマイナスのインパクトがそれぞれあり、マーケティング・プログラム（MP）の新奇性にはあまり重要な効果がなかった。また競合志向は新奇性の改善を促していたが、意味性には影響がなかった。

製品開発において、組織のナレッジは市場志向にどのように働くのだろうか。岩下、石田、恩藏（二〇一四）では、商品開発におけるチームのナレッジ活動を表す媒介変数として、ナレッジマネジメント・アクティビティを設定し、わが国のハイテク商品の製造に関わる企業67社の開発マネジャーと営業担当者を対象とした調査を行っている。回帰分析を施した結果、市場志向のうち、顧客志向と競合志向はナレッジマネジメント・アクティビティに逆U字の関係が、職能横断的統合はナレッジマネジメント・アクティビティにU字の関係が確認された。さらに、ナレッジマネジメント・アクティビティは開発された製品の品質に優位性をもたらし、最終的に製品に成功をもたらしていた。

市場志向が及ぼす影響は製品開発の文脈に限ったことではない。例えば、非製造業で重要となるサービスの水準を表すサービス品質を取り上げた研究もある。Chang and Chen（1998）では、市場志向がサービス品質にプラスの影響があることを確認している。

市場志向が様々な変数に影響を及ぼす際に、注意しなければならないことがある。市場志向と変数間には様々な環境要因が存在することである。現実のビジネスの現場では、例えば、競合他社の数、技術変化のスピード（技術混乱度）、そして未来の見通し（需要の不確実性）といった要因の高低で、自ずと市場志向が及ぼす影響力は変化する。

市場志向をどのように組織に浸透させるか

市場志向は組織に何らかの成果をもたらしそうであるが、そもそも目に見えない市場志向を組織に浸透させるにはどのようにすればよいだろうか。先行研究の知見を踏まえて、二つの方法を提示する。

第一は、トップマネジメントが市場志向の重要性を訴求していく方法である。アカデミックの世界では、「トップマネジメントの強調（Top Management Emphasis）」といわれる（Jaworski and Kohli, 1993）。経営者をはじめとするトップマネジメント層が部下たちと接する際に、繰り返し市場志向について主張し、その重要性を説いていく。

第二は、市場志向の重要性を従業員に理解させる人材教育を実施する。人材教育の有効性については、Ruekert（1992）が参考になる。Ruekertは米国『Fotrune 500』のハイテク企業を対象に調査したところ、以下の人事制度を導入すると、市場志向が高まることを確認している。一つ目が、市場志向の重要性を認識している人材を優先的に採用すること。二つ目が、市場志向を向上させるトレーニングを行うこと。三つ目が、市場志向を高める報酬や補償といった制度を導入することである。

前述した方法を実施することで、組織により効率的、効果的に市場志向を浸透させることができる。

市場志向の測定方法

ある化粧品メーカーＡ社の組織を調査してみたところ、従業員一人ひとりが常に顧客の意見を取り入れて商品を改良する。緻密に他者の動向を捉えて、価格設定やプロモーションの戦略を迅速に変更する。さらに、マーケティング部門だけでなく、顧客やＲ＆Ｄ部門までもがマーケティングの役割を重視している。一方、化粧品メーカーＢ社は顧客の意見や競合の動向を取り入れる仕組みばかりか、全社的にマーケティングが形骸化し、適切に実行されていない。

前述までの議論を踏まえて、Ａ社とＢ社の市場志向を測定するとおそらく、Ａ社の市場志向は高く、Ｂ社の市場志向は低いだろう。このように市場志向を測定することで、例えば競合他社や業界平均と比べて、自社の市場志向が相対的に高い、あるいは低いということを把握できる。

市場志向の測定に関しては、先に述べたNarver and Slater（1990）、あるいはKohli and Jaworski（1990）に続くKohli, Jaworski, and Kumar（1993）によってそれぞれ、構成要素ごとに質問項目が開発されている。質問項目には通常、リッカート尺度を用いる。リッカート尺度とは例えば「非常にそう思う」「そう思う」「どちらでもない」「そう思わない」「全くそう思わない」といった間隔尺度を示す。これらの質問項目の回答について統計処理を施し、組織ごとに市場志向の程度を定量的に測定する。

Narver and Slater（1990）、あるいはKohli, Jaworski, and Kumar（1993）、どちらの測定尺度を用いるかについて明確な基準はなく、組織文化ならば前者、市場情報ならば後者という論理的に適切な尺度を採用する。図２と図３に、このNarver and Slater（1990）、あるいはKohli, Jaworski, and Kumar（1993）で開発された市場志向の質問項目を掲載しておく。後者に関しては、「ＭＡＲＫＯＲ」という名前が付けられている。

ちなみに、市場志向尺度については、国の妥当性や二元性の問題を克服するため、様々なマーケティング研究者により尺度の精緻化が試みられている（eg., Deshpandè and Farley, 1998）。

●**顧客志向**
1 顧客に対してコミットメントしているか
2 顧客価値を創造しているか
3 顧客ニーズを理解しているか
4 顧客満足度を目標としているか
5 顧客満足度を測定しているか
6 購入後のアフターサービスが充実しているか

●**競合志向**
1 セールス・パーソンたちが競合他社の情報を共有しているか
2 競合他社の行動に，素早く対応しているか
3 トップマネジャーが競合他社の戦略について議論しているか
4 競争優位を構築するための機会をうかがっているか

●**職能横断的統合**
1 部門を問わず，顧客の要求にこたえているか
2 部門を問わず，情報を共有しているか
3 戦略が部門を隔てて統合されているか
4 すべての部門が顧客価値の向上に努めているか
5 他の部門と，リソースを共有しているか

図**2**　Narver and Slater（1990）で開発された市場志向の測定項目
（出所）　Narver and Slater（1990）

市場志向以外の志向性

市場志向を中心に論じているが、ここで一つの疑問が浮上する。現実の組織には市場志向以外にも組織の志向性が存在するはずだということである。たとえば消費財ブランドを新たに開発するためには、顧客ニーズをくみ取るための顧客志向を有するだけでなく、ニーズを製品に反映させていく製品志向、他社には真似できない性能や成分を研究するための技術志向、さらには店頭でどのように顧客に商品を手にとってもらうのかといった販売志向の視点が不可欠である。

●**市場情報の生成**

1 この事業において将来，顧客がどのような製品あるいはサービスを求めるかを見つけるため，少なくても１年に一度顧客に会うようにしている
2 この事業部門において，我々は社内で多くの市場調査をおこなっている
3 我々は，顧客の選好の変化に気づくのが遅い（R）
4 我々は，自らの製品やサービスの品質を評価するため，少なくても１年に一度，エンドユーザーに調査をおこなう
5 我々は，自らが属する業界の変化を捉えるのが遅い（R）
6 我々は定期的に，顧客のいる事業環境の変化を見直す

●**市場情報の普及**

1 我々は，市場のトレンドや開発に関して議論するため，少なくても四半期に一度，部内会議をおこなう
2 マーケティングに携わる従業員は，ほかの部門の従業員と，将来の顧客ニーズを議論するのに，多くの時間を費やす
3 主要顧客のいる市場で何か重要な出来事が起こった時，短期間で全ての部門の従業員たちがそのことを知ることができる
4 顧客満足度に関するデータは，この事業部門のすべての職階の従業員たちに普及していく
5 ある事業部門で競合他社に関する重要なことが見つかったとき，他の部門に知らせるのが遅い（R）

●**市場情報の反応**

1 競合他社が商品の価格を変化させてきたときに，どのように反応するのか決定することを，我々は決めかねる（R）
2 製品やサービスの顧客ニーズの変化を無視する傾向がある（R）
3 顧客が求めるものを確認するため，我々は製品開発活動を定期的に見直す
4 いくつかの部門では，事業環境の変化で生じた反応に，定期的に応じる
5 主な競合他社が我々の顧客をターゲットとしたキャンペーンに着手したら，我々はすぐに応じていく
6 事業部門における様々な部門の行動は，協調がよく保たれている
7 顧客の不満は，我々の事業部門では無視されている（R）
8 たとえ我々が素晴らしいマーケティング計画を構想しても，タイムリーにそれを実行できないだろう（R）
9 顧客がサービスあるいは製品の修正を求めているのをみたら，我々はそれをおこなうのに躊躇してしまう（R）

（R）逆転項目

図**3**「MARKOR」の測定項目

（出所） Kohli, Jaworski, and Kumar（1993）

市場環境や競争状況に合わせて、複数の志向性を取捨選択し適切に構築していけば、その組織はより効果的に商品を展開していけるはずである。実際に、マーケティング研究の世界では、市場志向に並行する様々な志向性が取り上げられている（eg., Gatignon and Xuereb, 1997; Voss and Voss, 2002; Zhou, Yim and Tse, 2005）。本章では、しっかりとした方法論に基づき尺度開発にまで至っている志向性のみを取り上げていく。尺度開発された志向性は、目に見える形で数値化できるため、実務でももちろん有効である。

まずは、製品志向があげられる。製品志向とは、顧客が常に自社商品を求めるように、企業が自社商品を売り込んでいく態度であるといわれる（Fayed, 1973）。製品志向が強すぎる企業は、自社商品を売りさえすれば顧客が商品を購入すると考えるため、マーケティング・マイオピアに陥りやすい（Levitt, 1960）。マーケティング・マイオピアとは、短期的なニーズのみに目を向けるため、顧客の長期に持続するニーズを見落としてしまうことをいう。

次に、販売志向があげられる。販売志向とは、長期的な関係性を無視して、短期的な売上を最大化する志向性をいう（Lamb, Hair and McDaniel, 2000）。販売志向は顧客から普段必要とされない商品、たとえば保険や葬儀といった産業で求められやすい（Noble, Sinha and Kumar, 2002）。主な企業活動がモノづくりではなく、モノの売買を行う商社や流通業は、製造業と比べると、この販売志向は高い傾向にあると考えられる。

三つ目が、技術志向である。技術志向とは、組織がどの程度、技術に目を向けていくかという志向性である。技術志向が高い企業は時として、革新的なイノベーションを引き起こせるため、企業規模には関わらず、業界リーダーあるいはリーダーブランドを駆逐することができる。

家電業界を中心に躍進しているバルミューダというベンチャー企業が好例だ。設立は二〇〇三年で、従業員は50名にすぎない[2]。しかしながら当該企業は、徹底した基本性能の向上を武器に、名だたる大企業がひしめく家電市場で二〇一三年、22・7億円を売り上げている。

最後に、近年注目を集めている志向性の一つにデザイン志向がある。コモディティ化が進んだ今日（恩藏、二〇〇七）、優れたデザインを有することが新商品成功の可否を決める境目となるからである。デザインというと一見すると、見た目の美しさのみを表すと考えがちだが、顧客に対する安全性の確保、あるいは使い勝手のよさなど、実に様々な要素が含まれている（岩下、大平、石田、外川、恩藏、二〇一五）。デザイン志向に関しては近年実務で注目を集めていることを受けて、研究が始められたばかりである（Moll, Montaña, Guzmán and Parellada, 2007）。今後は、信頼性ならびに妥当性が確認されたデザイン志向尺度の開発が望まれる。

市場志向の可能性

マーケティング界において中核的な概念である市場志向について論じてきた。まず、市場志向に関する定義を示すとともに説明を加えた。次に、Narver and Slater（1900）やKohli and Jaworski（1990）という二つの起点となる研究から、市場志向の内容、すなわち構成要素について論じた。続いて、市場志向が組織にどのように効果をもたらすかを、先行研究の知見を踏まえて記載した。市場志向は事業成果だけでなく、商品パフォーマンスといった様々なマーケティング変数にプラスの効果があるようである。さらに、市場志向の程度を測定する方法とともに、市場志向と代替的な関係にある志向性についてまで論じた。

市場志向はマーケティングの中核的な概念であるため、およそ50年前から研究がされ始め（Lear, 1963）、現在もなお世界中のマーケティング研究者によって様々な切り口から議論が展開されている。近年では例えば市場志向を活用しながら、イノベーションを生成するモデルづくりが取り組まれ始めている（eg. 岩下、石田、恩藏、二〇一三）。本章がきっかけとなり、研究と実務、双方において新たな価値が創出されれば幸いである。

注

1 『ABI/Inform』により検索を実施した。一九八五年から二〇一五年までの期間で1年ごとに、タイトルに「Market Orientation」と入力し検索を実施したところ累積で1千356本のMOを題材とする論文をみることができる（二〇一六年二月八日時点）。HPアドレス：http://proquest.umi.com

2 守山久子（二〇一五）『バルミューダ　奇跡のデザイン経営　ゼロからブランドを築く8つの法則』日経デザインを参考にしている。従業員数は二〇一六年一月時点。

参考文献

Atuahene-Gima, K. (1995). "An Exploratory Analysis of the Impact of Market Orientation on New Product Performance," *Journal of Product Innovation Management*, 12, 275-293.

Chang, Tung-Zong and Su-Jane Chen (1998). "Market Orientation, Service Quality and Business Profitability: A Conceptual Model and Empirical Evidence," *Journal of Services Marketing*, 12(4), 246-264.

Deshpandè, Rohit and John U. Farley (1998). "Measuring Market Orientation: Generalization and Synthesis," *Journal of Market-Focused Management*, 2(3), 213-232.

Fayed, Ramzi (1973). *Professional Creativity in Marketing and Selling*, Seminar held in Sydney.

Gatignon, Hubert and Jean-Marc Xuereb (1997). "Strategic Orientation of the Firm and New Product Performance," *Journal of Marketing Research*, 34(1), 77-90.

Griffiths, S. Janice and Rajiv Grover (1998). "A Framework for Understanding Market Orientation: The Behavior and the Culture," *American Marketing Association. Conference Proceedings*, 9, 311-321.

Im, Subin and John Workman, Jr. (2004). "Market orientation, Creativity, and New Product Performance in High-Technology Firms," *Journal of Marketing,* 68, 114-132.

岩下仁、石田大典、恩藏直人（二〇一三）「イノベーションを創出し続けるサービス組織―市場志向が革新性をもたらすメカニズムの解明―」『マーケティングジャーナル』第33号、第2巻、65―79頁、日本マーケティング学会。

岩下仁、石田大典、恩藏直人（二〇一四）「市場志向が商品開発優位性に及ぼすメカニズム―ナレッジマネジメント・アクティビティの効果―」『流通研究』第16巻4号、13―33頁、日本商業学会。

岩下仁、大平進、石田大典、外川拓、恩藏直人（二〇一五）「製品デザイン要素の解明―自動車産業に対する定性調査による考察―」『マーケティングジャーナル』第34号、第3巻、99―116頁、日本マーケティング学会。

Jaworski, Bernard and Ajay K. Kohli (1993). "Market orientation: Antecedents and Consequences," *Journal of Marketing,* 57(3), 53-70.

Kohli, Ajay and Bernard Jaworski (1990). "Market Orientation; The Construct, Research Proposition, and Managerial Implications," *Journal of Marketing,* 54(2), 1-18.

Kohli, Ajay, Bernard Jaworski and Ajith Kumar (1993). "MARKOR:A Measure of Market Orientation," *Journal of Marketing Research,* 30(4), 467-477.

Lamb, Charles W. Jr., Joseph F, Hair Jr. and Carl McCaniel (2000). *Marketing, 5th ed. Cincinnati,* OH: South-Western Collage Publishing.

Lear, W. Robert (1963). "No Easy Road to Market Orientation," *Harvard Business Review,* 41, 53-60.

Levitt, Theodore (1960). "Marketing Myopia," *Harvard Business Review,* July-August, 45-56.

Matsuno, Ken and John Metzer (2000). "The Effects of Strategy Type on the Market Orientation-Performance Relationship," *Journal of Marketing,* 64(4), 1-16.

Moll, Isa, Jordi Montaña, Francisco Guzmán and Francesc Solé Parellada (2007). "Market Orientation and Design Orientation: A Management Model," *Journal of Marketing Management,* 23(9), 861-876.

Narver, John and Stanley Slater (1990). "The Effect of a Market Orientation on Business Profitability," *Journal of Marketing,* 54(4), 20-35.

Noble, Charles, Rajiv Sinha and Ajith Kumar (2002). "Market Orientation and Alternative Strategic Orientations: A Longitudinal Assessment of Performance Implications," *Journal of Marketing,* 66, 25-39.

恩藏直人（二〇〇七）『コモディティ化市場のマーケティング論理』有斐閣。

Ruekert, W. Robert (1992). "Developing a Market Orientation: An Organizational Strategy Perspective," *International Journal of Research in Marketing,* 9(3), 225-245.

Tuominen, Matti, Arto Rajala and Kristian Moller (2004). "Tuominen," *Industrial Marketing Management,* 33(3), 207-217.

Voss, B. Glenn and Zannie Giraud Voss (2000). "Strategic Orientation and Firm Performance in An Artistic Environment," *Journal of Marketing,* 64(1), 67-84.

Zhou, Zheng Kevin, Chi Kin Yim and David K. Tse (2005). "The Effects of Strategic Orientations on Technology- and Market-Based Breakthrough Innovations," *Journal of Marketing,* 69(2), 42-60.

第7章 経営理念と理念経営

コーポレート・ガバナンスと監査

岩崎　勇

企業の土台となる経営理念

新たな事業価値を創造するアジアのビジネス・プロフェッショナルの育成を考える場合、まずビジネスを行う前に人間を作ること及び会社経営に当たって経営の魂である適切な経営理念を設定運用することが大切である。

前者の「人間を作る」[1]という問題は、紙幅の都合上省略することとして、後者の「経営理念」の問題に関して、ここで「経営理念」(corporate philosophy)とは、一般に経営者が「心の姿勢」として、どのような基本的な考え方に基づいて経営を行うのかという、企業という社会的な公器における基本的な価値観・精神・信念・行動基準等を表したものであり、経営の魂・羅針盤・根幹となるものである。これは、社訓[2]・社是[3]・信条等と呼ばれることもある。そして、これは企業風土や企業文化という企業活動の精神的な基盤となる最も重要なものである。もし経営の羅針盤である適切な経営理念が明示され、かつ現場で活用されている場合には、これを中心として「経営者を含む全社員」(以下、「全社員」と略す)が同じベクトルと判断基準を共有し、コンプライアンスを行いながら、一般に高い収益性を確保することが可能となる。反対に、もしこれが適切に設定運用されていない場合には、ガバナンス、リスク・マネジメントや収益性等の多くの側面で問題が発生してくる可能性がある。

適切な経営理念の設定と運用

概要

企業が適切に運営され、永続的に成長していくためには、企業の経営者が立派な経営哲学を持ち、それを基礎として適切な経営理念を確立し、それが全社員に共有され、かつ判断・行動基準として実際に生かされていくことが必要となる。例えば、松下幸之助は、『実践経営哲学』中で、その最初の項目として「まず経営理念を確立すること」を挙げ、そこで「事業経営においては、……個々にはいろいろあるが、いちばん根本になるのは、正しい経営理念である」（松下、二〇一四、12―13頁）として、経営理念を経営活動上最も重要なものであると位置付けている。このような経営理念を中心とした経営のことを「理念経営」という。

経営理念の効用

理念経営において適切な経営理念を持ち、それを実践することによって、次のような効用が得られるが、これは主に、経営の軸、組織の軸及び社会の軸という三つの側面に分けることができる。

(1) 経営の軸の側面

経営理念の第一の軸は、次のように、主に経営者のための経営の軸であり、これによって、何のために会社が存在し、何のために経営をするのかという普遍的な社会的使命について明確化することができる。と同時に、経営上の困難に直面した時や判断に迷った時に、いつでも安定的な回帰点として活用することができる。

① 存在意義・使命という目的理念の明確化

企業経営に関して最も基本的な、何のために会社が存在し、何のために会社経営をするのかという会社の存在意義や使命という目的理念について明確化できる。この場合には、その内容として当然、単なる利益追求ではなく、より本質的な、例えば、豊かで幸福な社会を実現するための企業活動というような「大義名分」が必要となってくる。

② 夢・理想の明確化

創業時の原点としての体験・初心を盛り込んだアンカーとして、将来会社がどのような理想的な姿を目指すのかという方向性を明示することができる。

(2)　組織の軸の側面

経営理念の第二の軸は、次のように、主に企業内部の全社員のための組織の軸であり、これによって、全社員のベクトルを統一し、行動のための基準となり、モチベーションを向上させ、収益性を高めることができる。

①　ベクトルの統一化

経営理念を社内に浸透させ、共有することによって、個々別々である全社員のベクトルを向うべき方向に統一することができ、それによって、全社員の力が結集され、強力な組織力を発揮し、収益性等を高めることができる。

②　判断基準（行動理念）の明確化

全社員が業務遂行上判断等に迷った時に、経営理念が全社員の共通の行動の在り方である仕事観や経営観を示し、この経営理念を判断・行動基準として社員が自らの意志で自律的に判断や行動を行うことができるようになり、より柔軟性のある強い会社となる。

③　モチベーション（志気）の向上

「事業は人なり」といわれるように、社員が社会的意義ややり甲斐のある経営理念に共感する場合には、企業活動を通して豊かで幸福な社会を実現するために、「よし、やろう！」

と自ら発奮し、誇りや自尊心を高め、個性を十分に発揮しながら労働を通して自ら成長し、働くモチベーションや求心力を高め、結果として組織力や収益性を高めることができる。企業の力は、究極的には社員の力の総和であると考えられるので、業績の向上等のためには、各社員の力を向上させなければならない。この場合、稲盛和夫の「人生方程式」（稲盛、二〇一六）を利用して、これを表現すれば、「成果（社員の力）＝①考え方×②情熱×③能力」として表現でき、この①考え方や②情熱については、前述のように、経営理念が大いに関連し、③の能力は、教育研修等によって、それを向上させていく必要がある。

④　収益性の向上

適切な経営理念を持つことと売上高や利益の確保との間に一般に正の関係があるといわれるが、その基本的な理由は、適切な経営理念を共有し、全社員のベクトルを統一し、全社員のモチベーションを高めることによって、結果として会社の収益力を向上させることができるからである。

⑤　変化・逆境に強い

適切な経営理念が設定運用されている場合には、経営上の環境変化や逆境（例えば、不況、赤字、資金不足や企業不祥事等）に直面した時も、経営理念に合わせて、弾力的な経営を行い、全社員が一丸となって逆境を乗り越えようと努力するので、環境変化や逆境に強い会社となる。

(3) 社会の軸の側面

経営理念の第三の軸は、次のように、主に企業を取り巻く外部の利害関係者との関係のための社会の軸であり、これによって、会社の外部の人に、自社の崇高な経営理念に共感してもらい、企業イメージを向上させ、信頼を得ることができる。

① 企業イメージの向上

社会に対しては、適切な経営理念に基づいて、事業を通して、どのように社会に貢献しようとしているのかについての企業の熱い思いを伝えることによって、企業イメージを向上させることができる。

② 信頼の獲得

適切な経営理念を外部に公表し、それに従って企業活動を行うことによって、企業に対する信頼を得ることができる。

③ 人材・取引先の確保

社会的に意義のある適切な経営理念は、それに共感する優秀な人材の採用や取引先の確保につながる可能性がある。

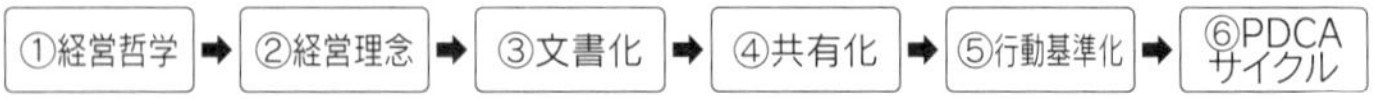

図1　経営理念の設定と運用

図2　経営哲学の基礎

経営理念の設定と運用

経営理念の設定と運用のプロセスは、図1のように、一般に経営者の経営哲学から経営理念を導き出し、それを文書化し、その内容を教育研修によって血肉化・共有化し、それを実際の現場で行動基準として実践し、さらにそれが適切なものであったか否かを評価し、さらなる改善をしていくことである。

(1)　経営哲学

経営者が適切な経営理念を導くためには、まず経営者が適切な経営哲学[4]を有していなければならない。

この際、適切でブレない経営哲学を身に付けるためには、目先のことだけを考えたものではなく、図2のように、もっと奥深い宇宙観・世界観・人間観・人生観を前提としたものでなければならない。

例えば、宇宙観に関連して、「宇宙の法則とは、宇宙根源の力が万物に働く法則で……真理とも呼ばれるものであ」る（松下、二〇〇九、39頁）。この法則は、「心的法則と物的法則との二つのかたちをとって働き、私たち人間と自然とは、この二つの法則によって生かされている」（同、40頁）。そして、宇宙全体は、一定の秩序に基づいて運行されており、「宇宙の秩序は真理の現れであり、真理が展開されたもので」（同、28頁）、「この真理に従って生きぬき、そこから繁栄を生み出すことが大義である」（同、26頁）と考えられる。このように、宇宙の法則・真理から繁栄や経営理念上重要な大義名分等を導き出すことができる。また、別の側面では、宇宙や自然の生成発展の姿を「万物流転の原則であり、進化の道程」（同、16頁）であると捉えることによって、ここから経営に必須な「日に新たに」という絶えざる創意と工夫によるイノベーションの必要性等を導いてくることもできる。

より具体的には、パナソニックの「尊奉すべき精神」の一つとして、「**順応同化の精神**—進歩発展は自然の摂理に順応同化するにあらざれば得難し　社会の体勢に即せず人為に偏する如きにては決して成功は望み得ざるべし」[5]（パナソニック、二〇一六）としている。

⑵　経営理念の内容

実際の経営理念の内容は多岐にわたるが、主要なものとしては、例えば、次のようなものがある。

①　目的・使命・科学性関係の理念　会社の社会に対する存在価値すなわち何のために会社が存在するのかという「存在意義」や、どのような目的・使命を持って、どのような

形で経営を行っていくのかという会社のあるべき姿に関する理念のこと

② **行動関係の理念**　会社の目的や使命を実現するための、企業内部の全社員の共通の判断・行動基準に関する理念のこと

③ **社会関係の理念**　社会への貢献に関する理念のこと

④ **福祉・人間関係の理念**　社員等の成長や幸せに関する理念のこと

これらの主要な四つの経営理念をより具体的に示せば、例えば、「味の素㈱」の経営理念の一部を構成する「グループway」として、「①**新しい価値の創造**　独自性のある技術とサイエンスに基づき、新しい発想と継続的革新で価値を創造します。②**開拓者精神**　新しい事業、新市場の開拓に常に挑戦し続けます。③**社会への貢献**　常に謙虚で誠実な態度で社会の要請を受け止め、事業活動を通じた社会的な価値の最大化を目指します。④**人を大切にする**　味の素グループの事業に参加する全ての人の人間性を尊重し、その人が成長し、能力を最大限に発揮できる集団になります。」（味の素、二〇一六、番号は、筆者挿入）としていることが、これらに相当する。なお、理念の3要素として、しばしば科学性、社会性、人間性ということがいわれることがあるが、これらは、上記の例では、①②が科学性、③が社会性、④が人間性にほぼ相当する。

(3) 文書化

経営理念は、例えば、額等に入れての社内掲示、また社内誌、リーフレット、カード、社員手帳、ホームページ等に文書として掲載という形で、明示化する。これによって、企業の内外の人々に対して、経営理念を知らせ、浸透させる前提ができる。

(4) 教育・研修による共有化

単なる経営理念の文書化だけでは、実際の企業活動では、それが生かされないことが多い。そこで、社内教育・研修において、単に「利益をどのように上げるのか」ではなく、正しいビジネスをどのように行えばよいのか、また、公器としての企業として、どのように社会に貢献していくのか等についての経営理念を徹底的に教育研修する仕組を設定し、実施することによって、現場レベルでの浸透を図り、経営理念の共有化をしていくことが大切である。

このように、経営理念を共有化・共通言語化することによって、なにより優先されるべき企業文化や企業風土としてのレベルまで高めていく必要がある。このためには、経営理念を、まず経営者自らが率先垂範して実行し、それを手本として社員に見せると共に、ことあるごとに、その重要性を説くことによって、それを真に生きたものとして、社風化していくことが大切である。

①経営理念 ➡ ②心の姿勢 ➡ ③思考 ➡ ④行動

図３　経営理念の行動基準化

(5) 行動基準化

単なる経営理念の文書化や教育研修による共通化だけでは、「仏像作って、魂を入れず」と同じこととなってしまう可能性もある。そこで、経営理念が業務上の判断・行動基準として実際に機能するものとならなければならない。すなわち、例えば、営業等の現場は直接に顧客等の利害関係者と接する機会が多いので、経営理念が現場レベルで実際に機能することが、非常に重要であり、単に利益の追求を目指す、利益重視の必達目標によるノルマ主義ではなく、適切な経営理念に従って、取引相手である顧客を真に重視することが必要である。いいかえれば、営業等で顧客と接し、迷った時に、図3のように、適切な経営理念を重視し、社員の心の姿勢として、常に当該経営理念に従って自ら考え、行動すること、すなわち経営理念が実際の判断基準となることが重要である。このような企業風土や企業文化になれば、経営理念に反するような単なる利益重視の行動を取ったり、不祥事を起したり不正を働くことが減少していくものと期待される。

(6) ＰＤＣＡサイクル[6]

最後に、理念経営のためには、経営理念が日々現場において実践されている

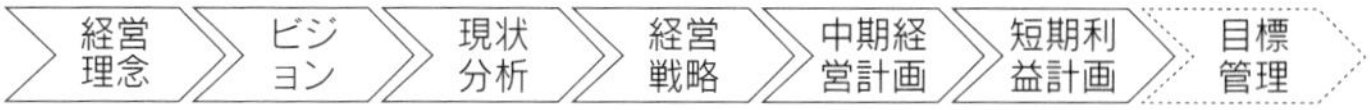

図4　理念経営における経営理念と経営計画

のか否かを評価する仕組を設けて、定期的に評価を行い、必要な措置を講じていくことが必要である。また、経営理念は、頻繁に見直すべきものではないけれども、より適切なものがある場合には、常に最適なものに見直していく必要がある。

経営理念と経営戦略・経営計画

ここでは、理念経営の考え方を基礎として、抽象的な経営理念をどのように具体的な経営計画へと展開するのかについて見ていくこととする。抽象的で理想的な価値観を示した経営理念から直接的に定量的な利益等に関する経営計画は導けない。そこで、経営計画を立てるためには、図4のように、経営理念から出発して、まず経営の理想的で定量的な目標を示すビジョン（ないし経営目標）を明確にすることが必要である。

そのビジョンに対して、ＰＥＳＴ分析[7]やＳＷＯＴ分析[8]等を利用して、現状の事業ドメイン[9]における現状分析を行う。この分析結果を踏まえて、理想的なビジョンと現状とのギャップを埋めるために、自社のコア・コンピタンス[10]を意識し、事業展開の方向性を示した経営戦略に基づいて、具体的な数値目標である3年程度の中期経営計画（中期利益計画等）を策定する。それをベースとし、さらに前年実績、個々の社員の達成目標や将来の趨勢等を加味して、現実的な来年度の経営計画である短期利益計画等を策定し、実際の目標管理を実施する。

継続的に高収益企業となるために

これまで説明してきたように、経営者が健全で崇高な経営哲学を持つと共に、それをベースとした経営の魂や心の姿勢である適切な経営理念を設定運用することは、理念経営の出発点として、また全社員が同じ目標に向かってモチベーションを持って力を合わせ、活き活きと働くことによって、継続企業として環境の変化や逆境に強く、結果として収益性の高い企業となるための羅針盤として、経営上最も重要なものである。

注
1　注5を参照されたい。
2　会社が守るべき教訓のこと。
3　会社が是とするもので、会社の最も重要な方針や最も重視していること。
4　実践的な経営哲学としては、例えば、参考文献に挙げたもの等を参照されたい。

5　本章で最初に提起した「まずビジネスを行う前に人間を作ること」に関連して、人間が進化向上により成功し、幸福になるための「自然の摂理」すなわち「人生の法則」の主要なものとして、筆者は、「因果律、健康、（完全な）積極性、潜在意識、自他一如、本心良心、空」があると考えている。
6　Plan-do-check-action cycle のこと。
7　企業外部のマクロ的な politics-economics-society-technology の状況に関する分析のこと。
8　strength-weakness-opportunity-threat という自社の外部環境と内部資源に関する分析のこと。
9　生存領域のこと。
10　他社に真似のできない核《コア》となる独自の競争力（ノウハウ・技術等）のこと。

参考文献

味の素（二〇一六）「グループ way」（http://www.ajinomoto.com/jp/aboutus/vision/）
稲盛和夫（二〇一六）「人生方程式」（http://www.kyocera.co.jp/inamori/philosophy/philosophy03.html）
パナソニック（二〇一六）「尊奉すべき精神」（http://www.panasonic.com/jp/corporate/management/code-of-conduct/chapter-1.html）
松下幸之助（二〇〇九）『松下幸之助の哲学』ＰＨＰ文庫。
――（二〇一四）『実践経営哲学』ＰＨＰ文庫。

第8章

株主にとっての企業価値と新たな価値の創造

ファイナンシャル・マネジメント

平松　拓

8

拡大傾向の株主還元

米国景気の回復や日銀による金融緩和がもたらした円安などを背景に日本企業の業績は急回復を見せ、二〇一五年度の売上、利益共に過去最高の水準に達したが、その中で、多くの企業が増配（配当金の増額）や自社株買いなどによって株主に対する還元を強化している。上場企業による配当金支払額は増加傾向にあったが、二〇一五年度には初めて総額で10兆円を超えようとしている（図1）。また、2兆円弱で推移していた自社株の購入金額も昨年度より急増し、金庫株の解禁によって盛り上がりを見せたリーマンショック前の水準に迫ろうとしている（図2）。これまで株主還元には冷淡と見られていたファナックが、米投資ファンドからの自社株買い要求に対し、配当性向の倍増と自社株買いの実施に踏み切ったことは世間の耳目を集めたが、それ以外にも、三菱ＵＦＪファイナンシャルグループや三井住友トラストホールディングスといった大手金融機関が大型の自社株購入に踏み切るなど、ここのところ株主還元の話題には事欠かない。

企業の株主還元拡充姿勢の背後には、全般的な好業績はもちろん、割安な株価など企業個々の事情もある。しかし、新興国の景気減速や為替相場の円高への方向転換など、環境

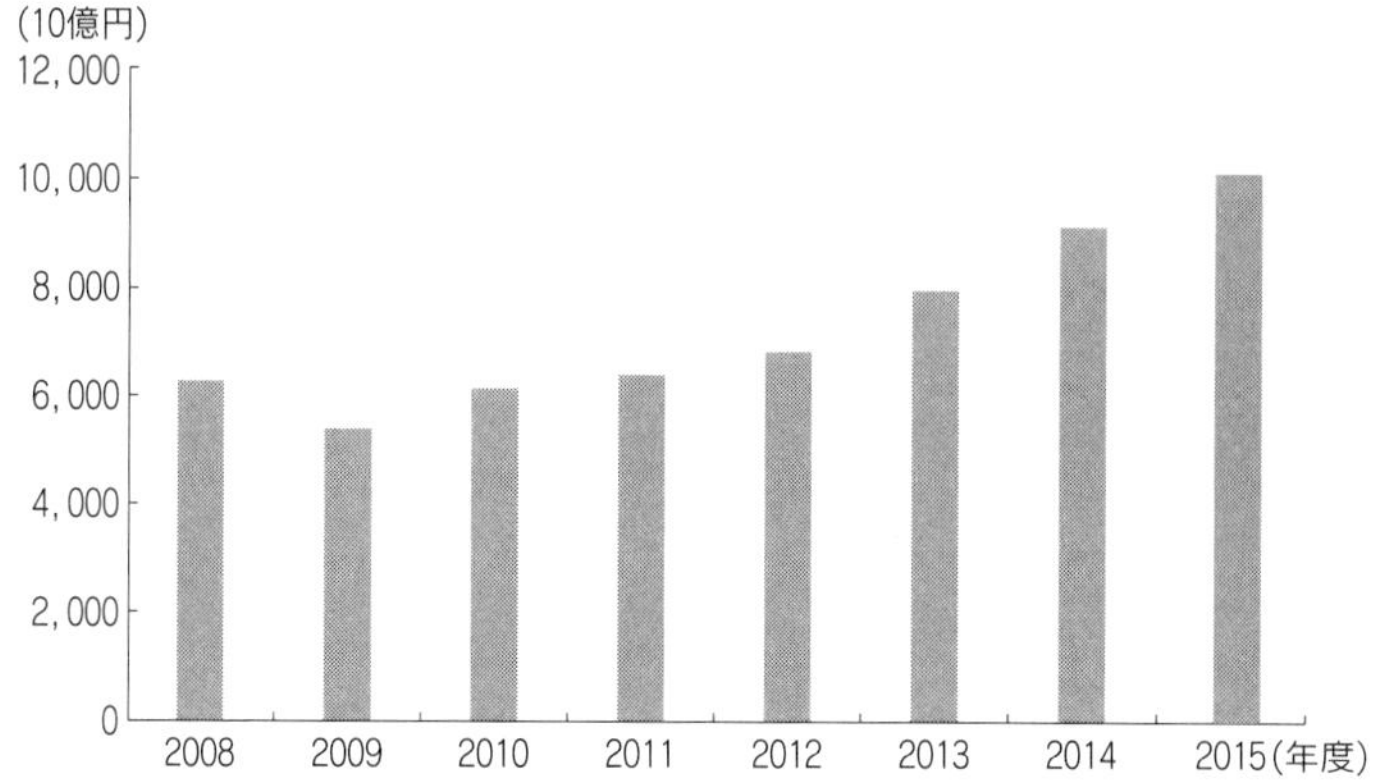

図１　配当金総額推移（東京証券取引所）

（注）　東証の各市場上場企業の数字
2015年度は見込（日本経済新聞（2016年２月17日付）を参考に筆者作成）
（出所）　東京証券取引所決算短信合計より筆者作成

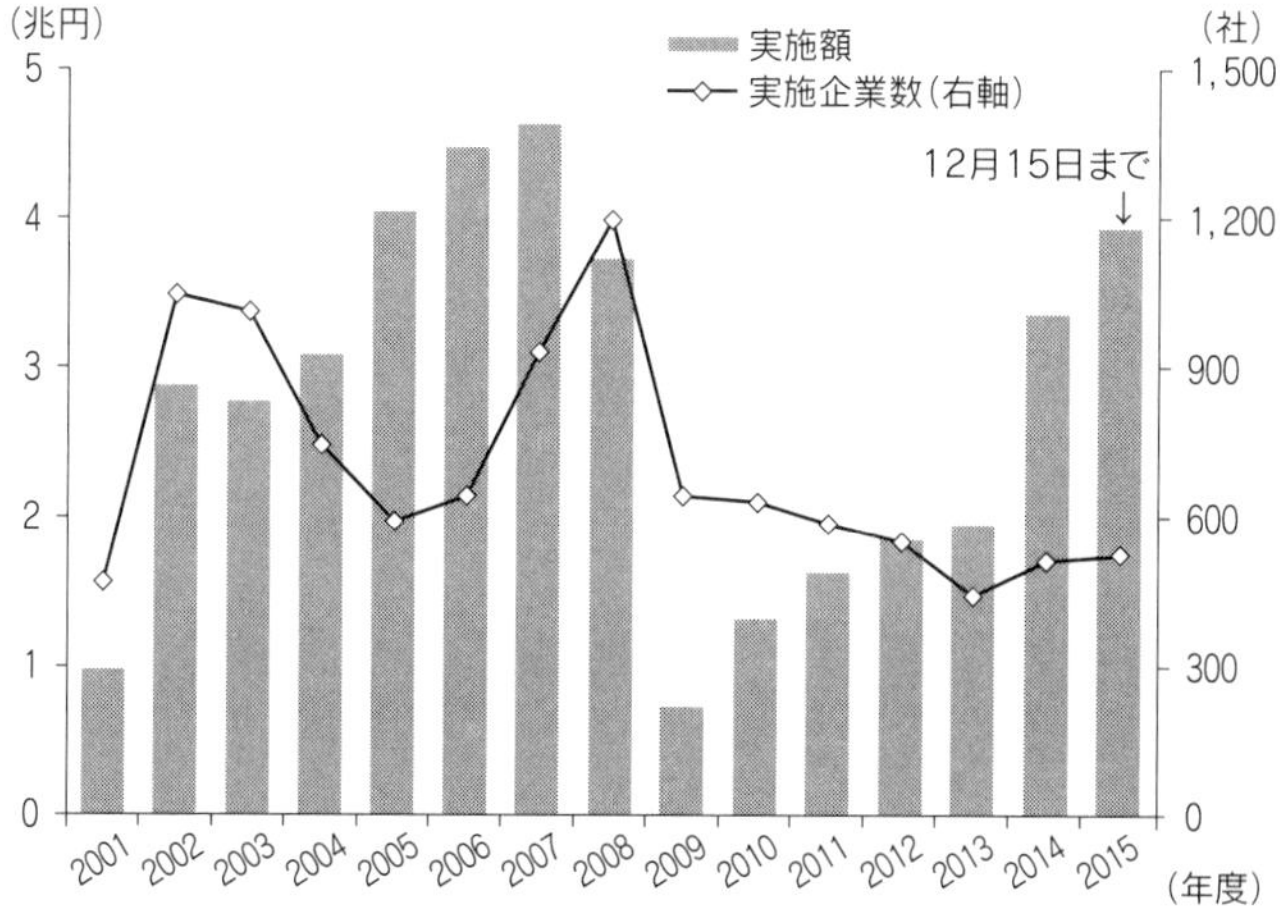

図２　自社株購入実施金額推移

（注）　公表日ベース，集計対象は上場企業の普通株式
（出所）　アイ・エヌ情報センターより大和総研作成
太田珠美「自社株買い増加の背景」大和総研

的には既に逆風に転じている中でも企業の積極対応が途切れないのは何故だろうか。

その理由としていわゆるアベノミクスの第三の矢に当たる「日本再興戦略」に盛り込まれた「コーポレートガバナンスの強化」が、スチュワードシップ・コードの導入など具体的施策として実現したことの影響が考えられる。これらはいずれも企業に対し直接株主還元を求めるものではない。しかし、機関投資家と企業との対話を促し、企業が過度にリスク回避することなく、ステークホルダーのために稼ぐ力を強化し、新たな価値創造と持続的な成長につながる攻めの経営を行うよう働きかけるもので、長らく軽視されてきた株主にとっての企業価値を重視することを求めるものといえる。実際に企業が株主還元の拡充に動いたことから、海外の投資家からも歓迎され、株価上昇につながった。

このような「官製」ともいえる資本市場の改革は、どのようなメカニズムで株主還元の拡充を喚起し、また、企業による新たな価値創造につながるものとして期待されているのであろうか。本章では、これらの点について「ファイナンシャル・マネジメント」の観点から考えてみる。

ＲＯＥ重視の動き

日本再興戦略に盛られた「コーポレートガバナンスの強化」は数次の改定と専門家による議論[1]を経て、スチュワードシップ・コード、コーポレートガバナンス・コード、そして新たな株式インデックスであるＪＰＸ日経４００などの形で具体化した。このうちスチュワードシップ・コードは、機関投資家に対して建設的な企業との対話（エンゲージメント）を通じ、中長期的な企業価値向上を促す受託者責任を遂行させせんとするものである。また、コーポレートガバナンス・コードは上場企業に独立社外取締役の採用を促し、同時にその社外取締役の行動規範を定めることなどを通じ、株主をはじめとするステークホルダーの利益を踏まえた攻めの会社経営を後押ししようとするもので、社外取締役の義務化に強く抵抗してきた経団連会長輩出企業などもコードの採用に踏み切った。また、新たに設定された株価指標である「ＪＰＸ日経４００」は、その銘柄選定基準に株主資本利益率（ＲＯＥ）や時価総額などを含み、企業価値を重視した経営を行い得ているかを示す指標たらんとするものである。

こうした一連の施策に対して、積極的な配当や自社株買いで応えている企業の狙いとしては、まずは、還元に関連する諸指標の改善が考えられる。増配や自社株買いにより、当期純利益に対する還元額の比率である株主還元率は直接向上するし、増配は配当率、配当性向を高め、自社株購入は割安となっている株価の引き上げや一株当たり利益の増加につながる。しかし、株主還元率や配当率はいわば一度限りの改善効果であり、同様の効果を継続的に示そうとすれば、同じだけの還元を継続せねばならない。これは経営者にとって自ら相当高いハードルを課すことになる。また、一株当たり利益は欧米とは違って日本ではそれ程重視されている指標とはなっていない。

寧ろ、企業の狙いはROEの改善と見るべきである。ROEは株主資本に対する当期純利益の割合、即ち株主資本を用いてどれだけの最終利益につなげ得ているかという資本効率を示す指標で、企業がどれだけ株主にとっての価値を創出しているかを示す。一九八〇年代以降日本企業のROEは一桁台にとどまり（図3）、10～20％に達する欧米企業のROEに比して大きく劣後してきた。配当や自社株購入といった株主還元は、積みあがった自己資本を減少させることでROEの押し上げ効果がある。

日本企業のROEの低迷の原因はデュポン・システムを用いれば明らかである。デュポン・システムは米化学大手のデュポン社が開発した業績分析手法で、ROEを経営の収益性、資産活用の効率性、経営の安全性を示す三つのレバー（それぞれ売上高当期純利益率、

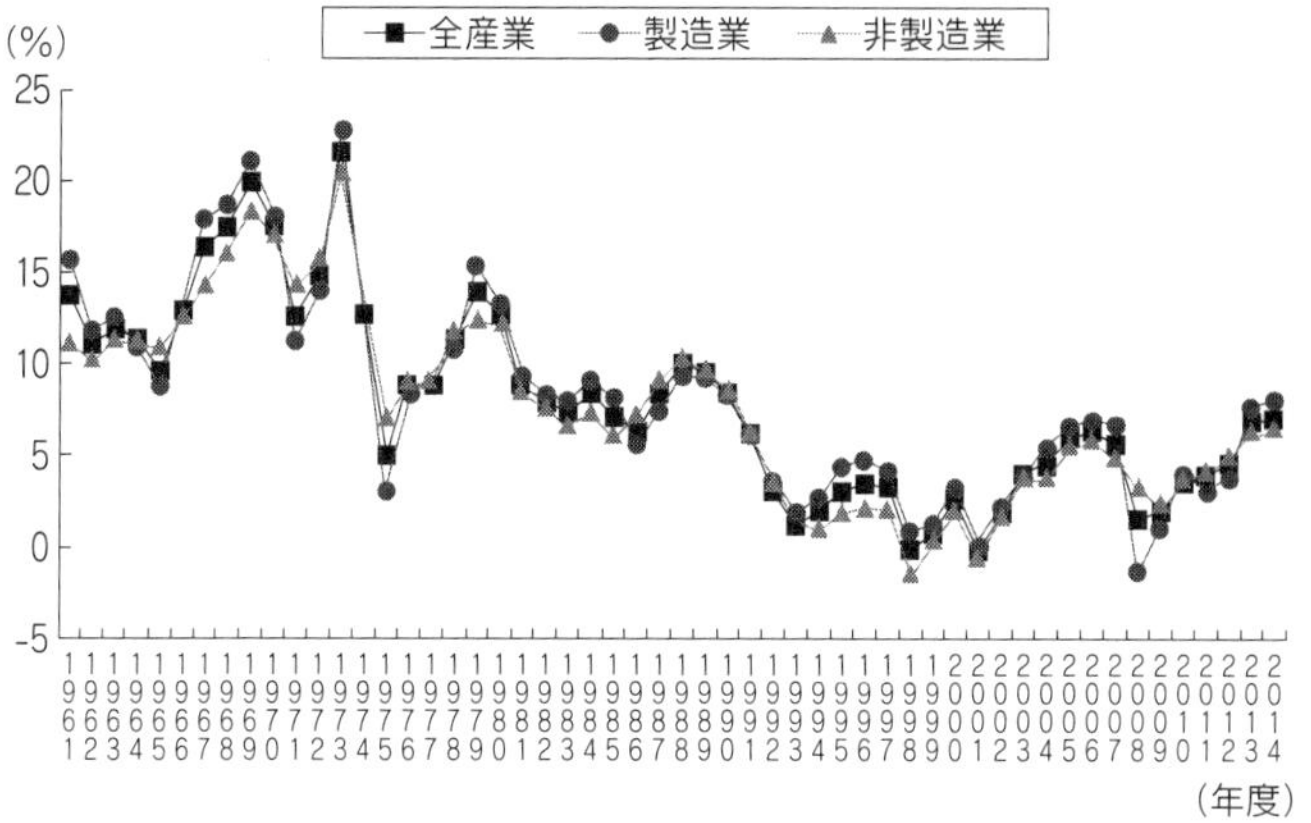

図3　株主資本利益率推移

（注）　①［2006年度調査以前］自己資本利益率（%）＝（当期純利益／純資産［期首・期末平均］）×100
［2007年度調査以降］自己資本利益率（%）＝（当期純利益／（純資産－新株予約権）［期首・期末平均］）×100
②全産業及び非製造業は金融業，保険業を除く。
（出所）　法人企業統計年報『キーワードで見る法人企業統計』財務総合研究所

総資産回転率、財務レバレッジ）に分解[2]して評価するものだが、これを用いて日本企業（金融機関除く）のROE変化の要因を示したのが図4である。一九六〇年代まで日本企業のROEは欧米企業と比較して遜色ない水準にあったが、70年代より売上高当期純利益率を主因に低下し、バブル経済が崩壊した90年代には落ち込みのピークを迎えた。その後は80年代まで寧ろプラス要因であった財務レバレッジが低ROEの主因となっている。売上高当期純利益率は人件費率低下や直近の円安などで上昇に転じたが、総資産回転率が低下

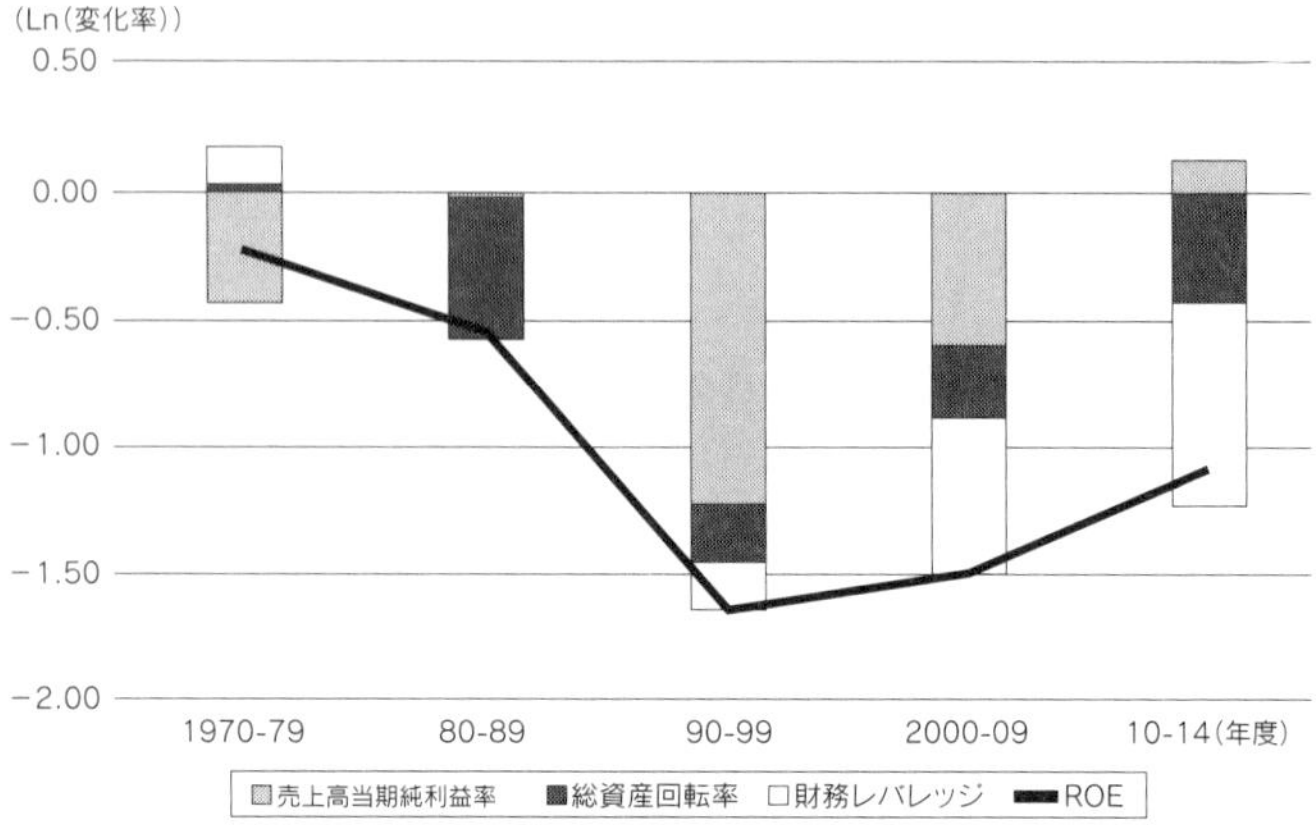

図**4**　自己資本利益率変化とその要因（非金融機関：1961-69年度対比）
（出所）　法人企業統計より筆者作成

に転じたことで総資産当期純利益率（ＲＯＡ[3]）で見ると、引き続きＲＯＥの低下要因となっている。

財務レバレッジ低下については、バブル経済崩壊により従来の企業・銀行間の依存関係が崩れたことで企業が自己防衛的に自己資本向上を図らねばならなかったという事情もある。しかし、同時にＲＯＡが低下していることは、企業が持続的な成長につながる投資を避け、リスク回避に偏って内部留保蓄積に走ったことを反映したものと考えられる。バブル経済以降３００兆円にも及ぶ内部留保蓄積を行い有利子負債の返済に励んだことは、欧米企業とのＲＯＥ格差拡大につながった。

軽視されてきた株主価値

こうした日本企業のパフォーマンスは、財務的な企業価値の観点からはどのようにとらえられるだろうか。企業の事業活動の成果である営業利益は、有利子負債への投資家である金融機関の取り分としての支払利息、税務当局の取り分としての法人税、そして税引き後当期純利益として残った部分を株主の取り分として分割される（但し、その分が株主に還元されるとは限らない）。このうち、当期純利益が株主の期待するリターンである株主資本コストを上回る、つまり当期純利益から株主資本コストを控除した後に残余利益が残れば、企業価値を向上させる経営が行われていることになり、逆に下回れば企業価値を毀損していることになる。ROEが欧米企業に比して大幅に劣後している日本企業

表1　投資家及び企業が要望（重視）する経営指標

	投資家が要望		企業が重視	
ROE	**93.0%**	(＋2.2pt)	59.1%	(＋6.8pt)
配当性向	54.7%	(＋1.8pt)	47.5%	(＋0.7pt)
総還元性向	43.0%	(＋5.1pt)	10.4%	(＋2.4pt)
利益額・利益額の伸び率	38.4%	(＋0.5pt)	**61.0%**	(＋2.2pt)
売上高利益率	32.6%	(＋5.0pt)	58.7%	(▲2.7pt)
ROIC	29.1%	(＋6.1pt)	7.8%	(＋1.4pt)
ROA	26.7%	(＋3.7pt)	28.0%	(▲3.1pt)
FCF	25.6%	(▲2.0pt)	20.4%	(＋1.3pt)

（注）　投資家の回答の多い項目順，上位8項目，複数回答可，括弧内は対前年
（出所）　生命保険協会平成26年度アンケート調査

は、たとえ株主の期待リターンが相対的に低かったとしても、企業価値の創出という点で欧米企業に劣後してきた可能性が高い。即ち、株主の期待に十分応えてこなかったということになる。

ＲＯＥは企業の経営を評価する上で機関投資家から最も望まれる指標である（表１）。それに対して、多くの企業はＲＯＥよりも利益や売上の伸びの方を重視しており、さらにＲＯＥを重視するとしている企業の中でも、実際にはＲＯＥの目標を設定していない企業もある。このことは、投資家の期待する株主にとっての企業価値増大と、企業が優先する経営目標の間に違いがあることを示唆している。

それでは、日本の企業システムにおいて何が重視され、何が企業経営者の達成すべき目標となってきたのであろうか。経営者の発言や態度から受け取れるのは、顧客、従業員、取引先やコミュニティといった全てのステークホルダーを重視する姿勢であり、中でも、顧客と並んで従業員を優先し、その雇用を守ることであろう。誤解を恐れずに単純化すると、中長期的な視点からは顧客を犠牲にするという経営はどちらにしろ成立し得ないことから、違いは株主を重視するか、従業員を重視するかと言い換えることができよう。

この点に関連して、企業の経営は誰のためのものであるべきかというテーマを巡って、経営学者のみならず経済学者も参加して、神学的ともいうべき論争が続いている。論点は多いが、一つには企業の経営に対して、どのステークホルダーがより大きなリスクを負っているかということについて、考え方の違いが存在する。従業員重視の立場からは、欧米、特に英国・米国企業の場合には、従業員と企業との間の雇用契約関係が完備されているのに対して、日本では雇用契約関係が不完備であり、その下で従業員は終身雇用制及び年功序列賃金体系に基づき企業に対して大きなリスク・エクスポージャーを負っている。これは、投資の見返りについては最後にしかも不確定の分配を受けることになる一方、株式を売却することによって容易にそのリスクから解放され得る株主のリスクよりも大きいが故に、従業員が企業の経営にあたって最も重視されるべきであるという考え方である。

戦後日本企業は需要超過の市場環境下で、いかに効率的に生産を拡大して企業を成長させるかという経営課題に対し、非常に優れたパフォーマンスを示した。ガバナンス面ではメインバンク制、株式持ち合い、雇用制度面では終身雇用制、年功序列賃金といった特殊日本的な経営システムは、従業員の企業に対する高い忠誠心を養い、人材の流動化防止を通じて技術蓄積に貢献し、全体として優れた機能性を発揮して日本経済の躍進に貢献した。そこには株主にとっての企業価値といった考え方が入り込む余地はなく、従業員を重視した経営は、それを一体となって支える終身雇用制や年功序列賃金と共に、日本企業の強さの源泉として強く意識された。その結果、グローバルな競争の激化と世界的な需給環境変化の中で、日本企業に大胆な経営変革の必要性が唱えられる中においても、日本企業の強さの源泉として、こうした経営システムと共に従業員重視の姿勢を維持すべきとする。

確かに従業員重視の考え方は日本の企業風土として、或いは社会システムとして定着しており、これをドラスティックに英米型株主資本主義的システムに変革することは困難であり、また、日本企業の本質的な強みを奪うものともなりかねない。しかし、その一方で、低コストと効率性追求によって企業も市場も成長が見込めた我が国の高度成長期とは異なり、バブル経済以降の基本的な需給関係の変化の下で、旧来の考え方やシステムの弊害が強くなってきていることも事実である。従業員を重視する立場からは、ビジネス環境の変化に直面した場合にリスクを取って大胆なリストラクチャリング・投資を行うよりも、雇用維持優先、破綻リスクのミニマイズのため経費節減を徹底し、仕入れ先にも取引維持の見返りに値引きを迫るといった防御的な経営姿勢が取られがちとなる。経費節減には賃金の抑制が含まれ、企業はコスト削減で浮いた利益を内部留保の形で蓄積、有利子負債の返済を進めて自己資本比率の向上を図る。こうした企業の内向きの対応が継続すれば、たとえ個々の企業の破綻抵抗力は強化されたとしても、新たな事業価値の創造にはつながらず、合成の誤謬によりかえって経済全体が沈滞し、売上高利益率も低下することが考えられる。

さらに、従来のままの従業員重視の姿勢堅持は、日本の企業をとりまく社会的環境変化への対応という点でも問題や矛盾を生じてきている。終身雇用、年功序列賃金の下では、同質性の下で育まれた仲間意識が企業へのロイヤルティを形成し、低い転職率を通じて高い生産性につながった。しかし、経済・社会のグローバル化や日本の人口動態変化の結果、企業にとり外国人や女性などこれまで活用して来なかった人的資源を戦力として取り込む形でのダイバーシティが不可避のものとなっている今日、こうした変化への対応を制約する可能性がある。また、従業員の雇用維持を堅持しつつ労働コストの圧縮を図るために、正規社員とは線引きされた所謂非正規社員の採用が一般化することで、従業員重視の本質が問われる事態となっている。

新たな価値の創造に向けての課題

今回のガバナンス改革には、こうした企業のリスク回避の姿勢に対して、これまでともすれば軽視されてきた株主重視の視点を導入することによって、日本企業の経営姿勢の変化を促そうという狙いが含まれている。これまでのところ、スチュワードシップ・コードやコーポレートガバナンス・コードの導入、新たな株価指標の採用といった一連の施策は、まずは株主還元の強化という形で企業をＲＯＥ重視に動かしたという点で、大きな可能性を示したといえる。

しかしながら、ROEを高めることと企業の価値を高めることは必ずしも同じではない。ROEを高める方法として、分子に当たる利益（当期純利益）を高める方法と、分母に当たる株主資本を減少させる方法の2通りのアプローチがある。そのうち、前者こそが企業価値を拡大させるアプローチであり、そのためには新しい価値創造につながる企業の積極的な投資姿勢が欠かせない。後者は、相対的に高コストである株主資本を内部留保の形で滞留させ、安価な調達であるはずの有利子負債の返済を行うことに比べれば、株主への配慮という点では一歩前進としても、積極的に取り組める投資案件が存在しない等の理由で採用される謂わば次善策に過ぎず両者の本質は大きく異なる。現状、アベノミクスの直接の効果として見られるのはこの後者の分母対策であって、本来狙いとするところの前者の分子対策に企業が動く保証は無いのである。

配当の増額や自社株購入による自己資本比率の低下は、破綻リスクが拡大することによって、経営者をより真剣に企業経営に向かわせる効果があるとされる。しかし、それだけで既存の企業経営者の経営能力や発想が飛躍的に向上したり変化したりすることを望むのは非現実的であろう。とすれば、ROEの改善のために株主還元の強化を通じてもたらされた自己資本比率の低下は、逆に経営者をリスクテークに対してより慎重にさせ、攻めの投資に対して却って後ろ向きにならせる危険性を孕んでいることを認識しておかねばならない。

今回のガバナンス改革が、企業による新たな価値創造につながるのか、或いは一過性のROE操作に終わってしまうのか、エンゲージメントを受け入れた機関投資家や重い役割を引き受けた社外取締役のこれからの対応が、まさにそのカギを握っている。

注

1 「日本版スチュワードシップ・コードに関する有識者検討会」、「コーポレートガバナンス・コードの策定に関する有識者会議」（金融庁）、「持続的成長への競争力とインセンティブ～企業と投資家の望ましい関係構築～」プロジェクト（経済産業省）。

2 $ROE = \frac{当期純利益}{売上高} \times \frac{売上高}{総資産} \times \frac{総資産}{株主資本}$

3 $ROA = \frac{当期純利益}{総資産}$

参考文献

伊丹敬之（一九八七）『人本主義企業』筑摩書房。
大坪稔（二〇〇五）『日本企業のリストラクチャリング』中央経済社。
岩田規久男（二〇〇七）『そもそも株式会社とは』筑摩書房。

江川雅子（二〇〇八）『株主を重視しない経営』日本経済新聞出版社。
広田真一（二〇一二）『株主主権を超えて』東洋経済。
「持続的成長への競争力とインセンティブ～企業と投資家の望ましい関係構築～」プロジェクト（二〇一四）『中間論点整理』『最終報告書』経済産業省。
内閣（二〇一三）『日本再興戦略』『日本再興戦略（改定二〇一四）』『日本再興戦略（改定二〇一五）』。
加護野忠男（二〇一四）『経営はだれのものか』日本経済新聞出版社。
The Economist "Corporate governance in Japan- A revolution in the making." (May 3rd. 2014)
北川哲雄編著（二〇一五）『スチュワードシップとコーポレートガバナンス』東洋経済。
産経新聞『社外取締役の活用進む　企業統治に「変化」72％　意識調査』（二〇一五年三月一〇日七時五五分配信）
日本生産性本部『日本の生産性の動向二〇一五年版』(http://www.jpc-net.jp/annual_trend/)
柳川範之（二〇一五）『冷静なＲＯＥ論議が必要だ』週刊東洋経済（6・20号）「経済を見る眼」。
八代尚宏『派遣労働の光と影（上）正社員過剰保護の犠牲に』日本経済新聞（二〇一五年九月二四日）「経済教室」。
太田珠美『自社株買い増加の背景』大和総研ＨＰ (http://www.daiwatv.jp/contents/analyst/report/20580-011)（二〇一五年一二月二九日）
菊池正俊（二〇一六）『良い株主　悪い株主』日本経済新聞社。

第9章

企業財務

企業価値創造

村藤　功

9

経営環境

日本のバブル発生と崩壊のマグニチュード

一九八五年のプラザ合意による円安修正は、円高不況を招き、これに対する低金利政策は、土地、株バブルの発生をもたらした。日本人であれば土地株バブルの発生と崩壊を知らない人はいないが、そのマグニチュードを知る人は少ない（図1参照）。

発生したバブルは崩壊し、一九九〇年に2400兆円だった日本の土地総額は二〇一四年末段階で1079兆円に減少した。日経平均が4万円に近づいた一九八九年末に約900兆円だった株式総額も、日経平均が1万7千円を割った一九九二年末には400兆円あまりまで落ちた。その後ITバブルや多少の景気回復もあったものの、リーマンショック、ユーロ危機や東日本大震災等で株価総額は二〇一一年には300兆円程度まで落ちた。二〇一二年末以降のアベノミクスでマネタリーベースが激増したことに伴い株価が上がり二〇一四年末で株価総額は792兆円まで上昇した。土地株バブルのピークから二〇一四年末までに約1400兆円の資産が失われた一方で、有利子負債は減少しなかった。有利子負債はまず一九八六年の約2200兆円から一九九八年の4000兆円近くまで

１８００兆円増加した。バブル発生期には民間金融機関、バブル崩壊後は公的金融機関が融資を拡大した。その後有利子負債合計は、二〇〇一年以降の財政投融資の縮小に伴い減少し始めたが、日銀の当座預金拡大でまた拡大して二〇一四年末には４４８２兆円となった。バブルの発生と崩壊は、資産の急上昇と急下落に対して有利子負債を急速に増加させ、事業会社や政府の資本構成を悪化させた。事業会社は負債を減らして自己資本を増やしたが、政府は公共投資や全員参加型社会福祉の結果、債務超過に陥りつつある。

セクター別自己資本推移

バブル発生と崩壊から二〇一四年にいたるセクター別自己資本の推移を見てみよう（図２参照）。事業法人セクターの正味資産総額は、一九八六年の６１１兆円から一九八九年には大きく増加して１０８３兆円になったが、

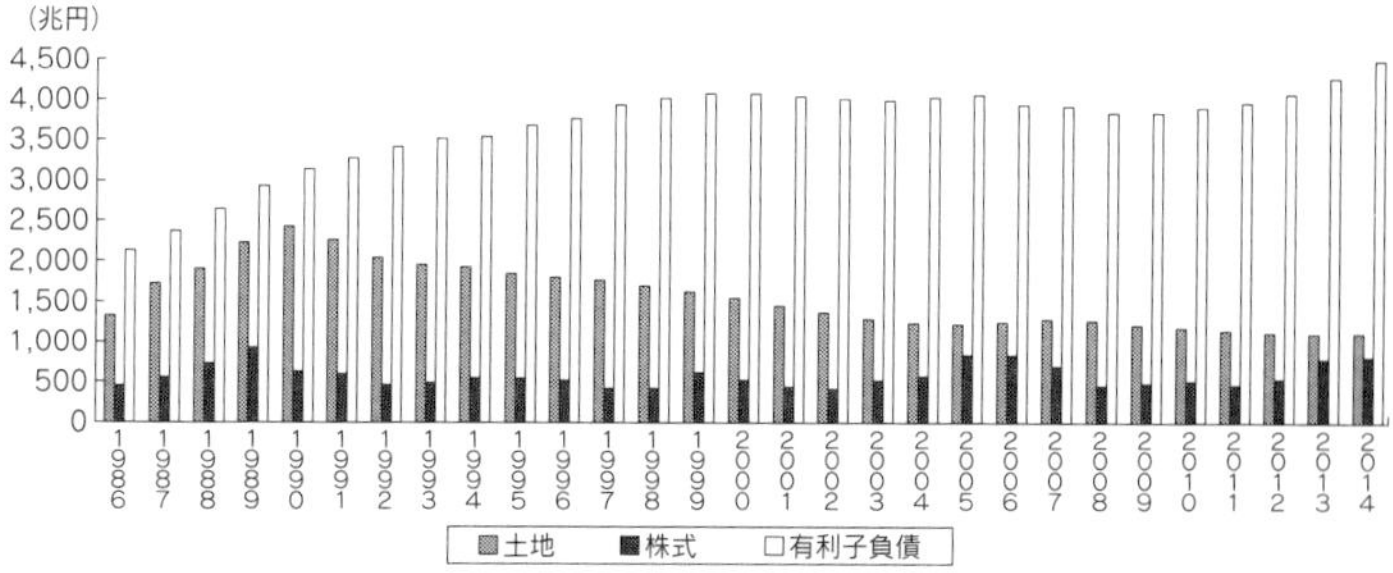

図１　バブルの発生，崩壊と有利子負債の拡大
（出所）　内閣府経済社会総合研究所の国民経済計算（2014）をもとに筆者作成

一九九〇年、一九九二年の株価暴落で一時減少した。その後リーマンショック、ユーロ危機、東日本大震災等があったが、アベノミクスの金融緩和で二〇一四年末には１３３２兆円まで増加した。二〇一四年の当期利益44兆円に対して株価収益率は30倍となっている。

金融法人セクターの正味資産総額も、一九八九年末に３７０兆円まで倍増したが、不良債権処理で二〇〇二年に１１５兆円まで落ち、その後、リーマンショック等を経て二〇一四年末には３５３兆円まで伸びてきた。当期利益９・６兆円に対し、株価収益率は37倍である。政府セクターの正味資産はピークの一九九一年には３６９兆円と倍増したが、お金がないのに赤字国債の発行で社会福祉を拡大し、二〇一四年末には国民経済計算統計

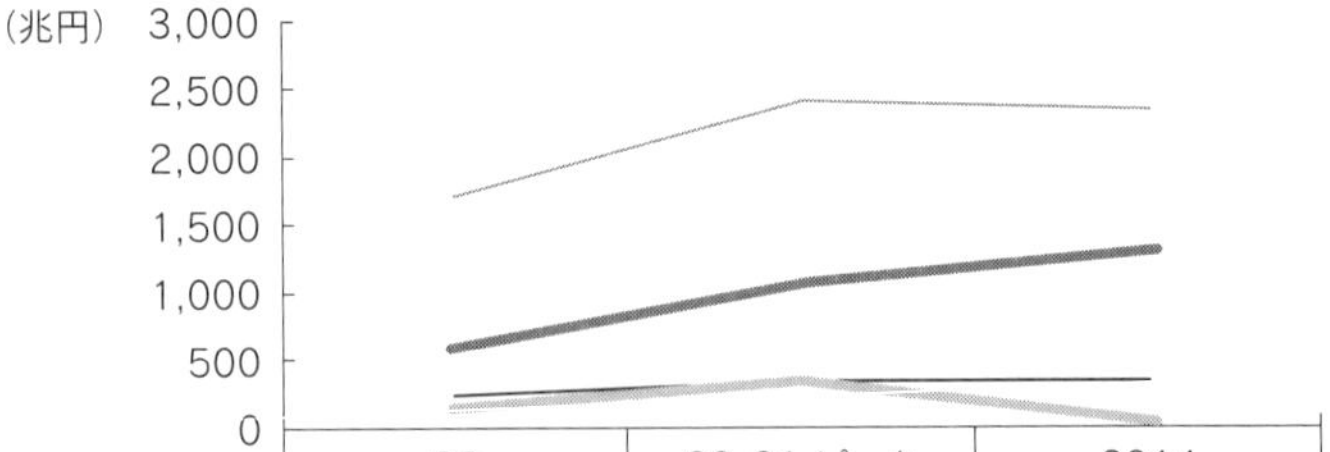

	86	89-91 ピーク	2014
事業法人	611	1,083	1,332
金融法人	221	370	353
一般政府	162	369	11
家計	1,744	2,418	2,359

図２　セクター別自己資本推移

（出所）　内閣府経済社会総合研究所の国民経済計算（2014）をもとに筆者作成

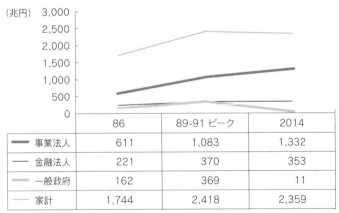

上11兆円である。二〇一四年の政府フローのボトムラインである貯蓄はマイナス26兆円であり、巨額の赤字国債発行を考えても時価では大きな債務超過であるのは間違いない。家計の正味資産は一九八六年に１７４４兆円だったものが一九九〇年のピークには２４１８兆円まで増加した。その後バブル崩壊の影響をある程度は受けたものの、二〇一四年末で統計帳簿上は２３５９兆円の正味資産を持っている。ただし、家計の正味資産から生み出される貯蓄は雇用者所得の低下、社会保障破綻、消費税増でマイナス２・３兆円であり、プラスの２千兆円以上は現実には存在しない幻である。政府は債務超過だが、家計にはもはや消費税アップで政府を助ける余裕はない。

不動産と株の日米比較

日本のバブル発生と崩壊以降の不動産総額と株式総額をアメリカに比較してみよう（図３参照）。日本の不動産総額は一九八六年から一九九〇年にかけて１７６９兆円から３０７０兆円に上昇したが二〇一四年には２１２６兆円まで下落した。内訳としては、土地総額が一九八六年から一九九〇年にかけて１２００兆円から２４００兆円に上昇した後、二〇一四年には１０７９兆円まで落ちた。一方、固定資産は事業会社でも家計でもそれぞれ一九八六年の３０４兆円、１６８兆円から２倍以上になってそれぞれ６９３兆円、

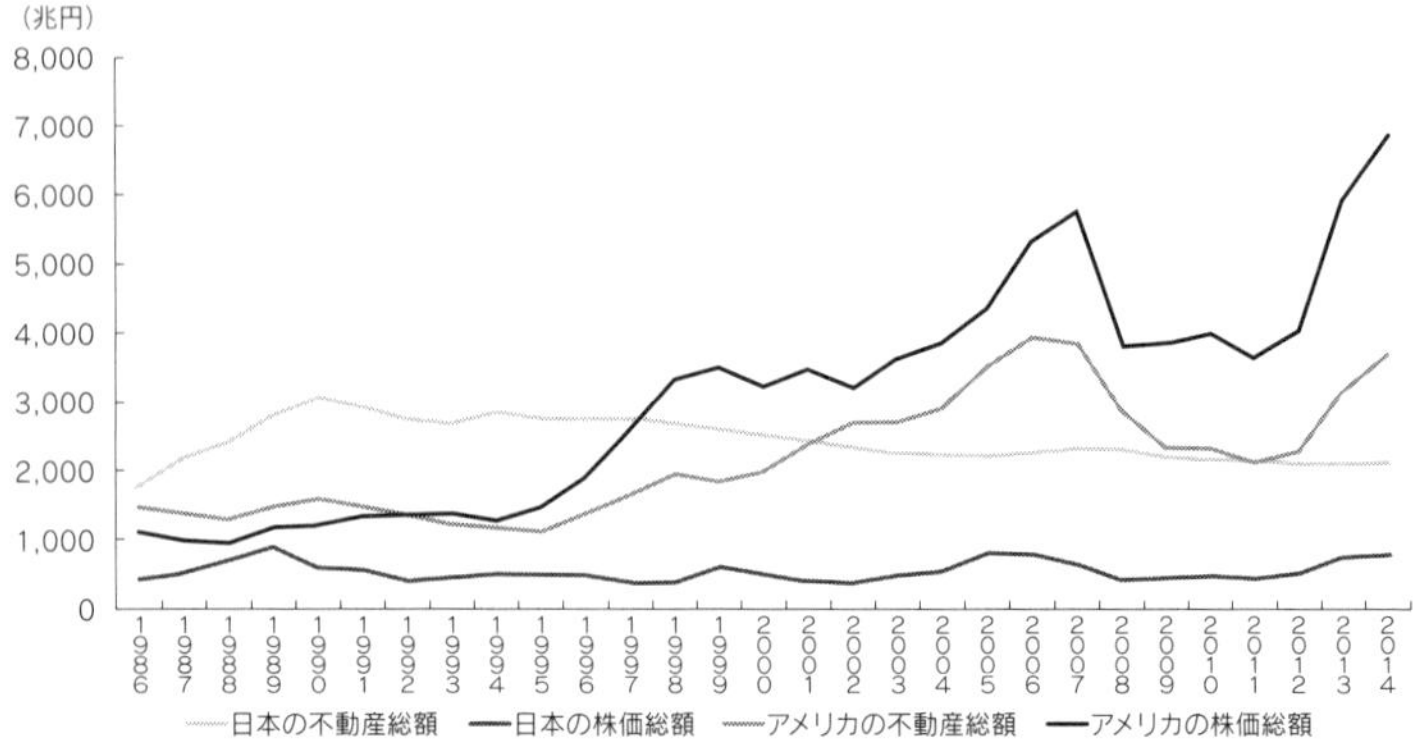

図**3**　不動産と株の日米比較

(注)　図における日本の不動産総額は土地総額に事業会社と家計の固定資産総額を足したものである。アメリカの国民経済計算では土地と建物が別々に開示されていない。事業会社セクターと家計セクターでは不動産として開示されており，これは土地と住宅・オフィスビル・工場などを含むデータである。アメリカの数字はUS$bnで開示されているので，年末のドル円レートで円に直し，兆円で表示した。

(出所)　内閣府経済社会総合研究所及びBureau of Economic Analysisによる日米の国民経済計算（2014）をもとに筆者作成

354兆円となった。この結果、土地だけ見るよりも住宅、オフィスビルや工場等を含む不動産として見た方が土地バブルのピークからの落ち方がゆるい。一方アメリカの不動産総額は、一九八六年の1475兆円が二〇〇六年のピークには3944兆円と4千兆円近くまで上昇したがリーマンショックで二〇一一年には2131兆円まで下落した。二〇一三年には回復をはじめ3174兆円、二〇一四年には3697兆円まで伸ばしてきた。

株式総額は、日本の各セク

ターが保有している株式出資金の簿価残高として計算されている。ただ、簿価残高は、関係会社株式は取得原価で表示されるが、売買目的株式や持ち合い株式などは時価表示される。このため、時価総額よりは多少小さいものの、株式市場の影響を大きく受ける。株式総額は日本では一九八六年の３００兆円が一九八九年には９００兆円まで上昇したがその後変動を繰り返し、なかなか１０００兆円の壁を超えられない。アメリカ株は、一九八六年の１０００兆円から二〇〇七年には５７６３兆円まで上昇したがリーマンショックで二〇〇八年には３８０１兆円まで落ちた。その後二〇一二年まで回復しなかったが、二〇一三年には５９３５兆円、二〇一四年には６８５６兆円まで伸ばしてきた。日本は土地価格が大きいので不動産が株の２・７倍だが、アメリカでは株式市場が発達しており株が不動産の１・９倍である。アメリカの土地面積は日本の約25倍であり人口も増えているため、長期的に見ればアメリカの不動産価格にはまだまだ大きな上昇余地がある。

企業価値の定義およびストックとフローの関係

企業価値の定義

企業価値という言葉は、英語でいえば、Enterprise Value であり、企業の本業の価値のことである。本業の価値といっても、企業価値は、営業利益を生む狭い意味の事業価値だけでなく、事業を行うために必要な投融資を含む広い意味の本業の価値のことである。企業価値という本業に投資するには資金調達が必要であり、企業価値は、純有利子負債と自己資本という資本構成によって支えられている。企業価値は、純有利子負債の分だけ、株主の保有する自己資本価値とは異なる。自己資本でなく銀行借入や社債のような有利子負債でも本業は拡大できるからである。

コーポレートファイナンスの理論を語る場合に、有価証券報告書に掲載されている財務諸表に対してやらなければならない基本的な準備作業がひとつある。それは、バランスシート項目の組み替えによるコーポレートファイナンスの基本型貸借対照表（図4参照）の作成である。

有価証券報告書における通常のバランスシートは、総資産が左にあり、総負債と自己資本が右にある構成となって

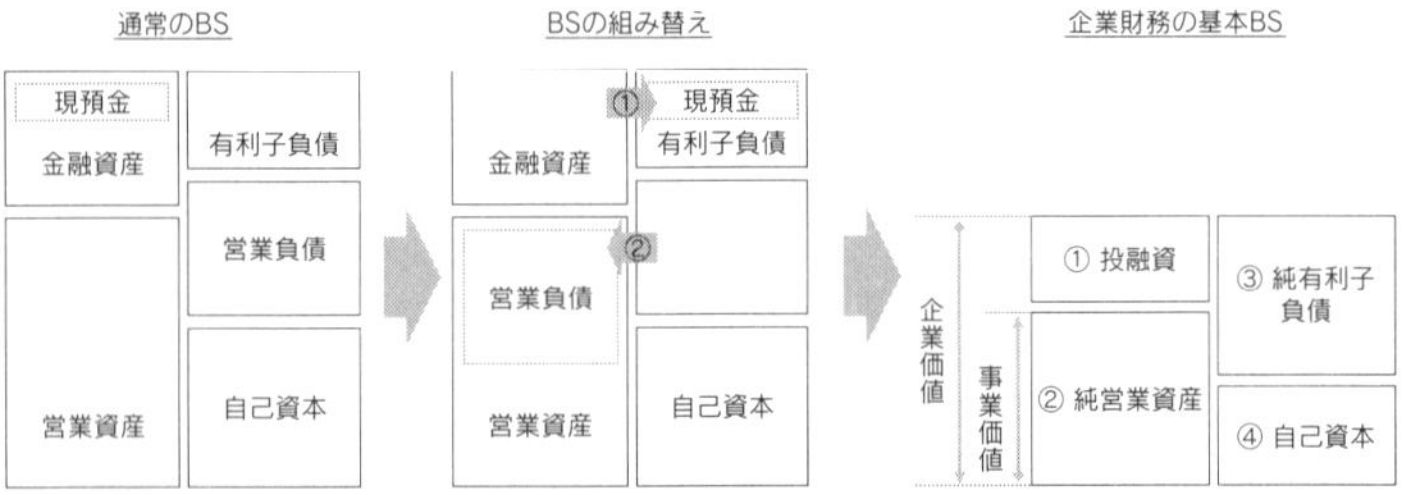

図**4**　企業価値の定義

（出所）　筆者作成

いる。これは企業が持っている資産を左において、借りている負債を右に置き、持っている資産から借りている負債を引いて正味で持っている正味資産を見ようという構成だ。しかし、資産の中には、売掛金、在庫、本社ビル、工場のような本業を構成する資産と、現預金、貸付金、投資有価証券のような金融資産の二つがある。本業に使っている資産を営業資産と呼び、金融資産を現預金と投融資の二つに分けることにする。一方、負債の中にも、買掛金や年金債務等の本業に使っている負債と、銀行借入や社債のような、有利子負債とがある。本業に使っている負債を営業負債と呼び、有利子負債と区別することにする。

このように、資産と負債中の営業部分と金融部分を分離した後に、バランスシートの左の金融資産中にある現預金を左から右に移して有利子負債から控除し、右にある営業負債を左に移して営業資産から控除する。金融資産から現預金を引いた貸付金、投資有価証券のような金融資産を投融資と呼び、営業資産から営業負債を引いた純営業資産を事業価値と呼ぶ。本業に使われる営業資産や営業負債は、個別の評価に意味があるのではなくまとめて純営業資産として売上や営業利益を生むのでストックをひとかたまりにして事業価値と呼ぶのである。この組み替えによって、本業に関する資産や負債が全てバランスシートの左側に寄り、企業価値と呼ばれることになる。

一方、有利子負債から現預金を引いたネットの有利子負債をネットデットと呼ぶ。ネットデットはお金を借りても返しても増減しない。借りれば有利子負債は増えるが現預金も増え、返済すれば有利子負債も減るが現預金も減るからである。したがって企業の本業の価値である企業価値は、お金を借りても返しても変動しないことになる。

このように貸借対照表を組み替えることによって、狭い意味の本業である事業価値の帳簿価格とこれに投融資を加えた広い意味の本業である企業価値の帳簿価格が把握でき、これに対する資本構成が把握できるのである。現預金と営業負債を組み替えたので、企業価値の帳簿価格は、総資産の帳簿価格から現預金と営業負債を引いたものになる。

バランスシートの組み替えを行い、企業価値を純有利子負債と自己資本が支える形にすることによって企業の財務を最適化する方法が考えやすくなる。企業の本業については、事業の効率化や事業ポートフォリオの最適化が問題になる。投融資については、内容を精査し、不要な投融資があれば処分しなければならない。バランスシートの左側を見れば企業価値やその内訳としての事業価値と投融資を把握し、その最適化を考えることができる。また、バランスシートの右側を見れば企業価値を支える資本構成を把握して、その最適化の問題を考えることができるわけである。

企業価値と資本構成推移

企業価値と資本構成を前記で定義したが、これが日本全体でどうなっているか、国民経済計算の事業法人セクター統計で一九八六年から二〇一四年の推移を見てみたい（図5参照）。

まずバブル発生前の一九八六年末と株式バブルピークの一九八九年末を比較してみよう。ちなみに株式バブルのピークは一九八九年だが、土地バブルのピークは一九九〇年なので、1年ずれている。したがってバブルのピークとして一九八九年か一九九〇年のどちらかを選択しなければならないが、株式は一九九〇年には暴落していたし、土地バブルの崩壊は一九九〇年時点ではそれほどではなかったのでバブルのピークとしてここでは一九八九年末を選択することにしたい。日本の事業会社は、借入で株と土地を購入し、バブル発生でバブルをエンジョ

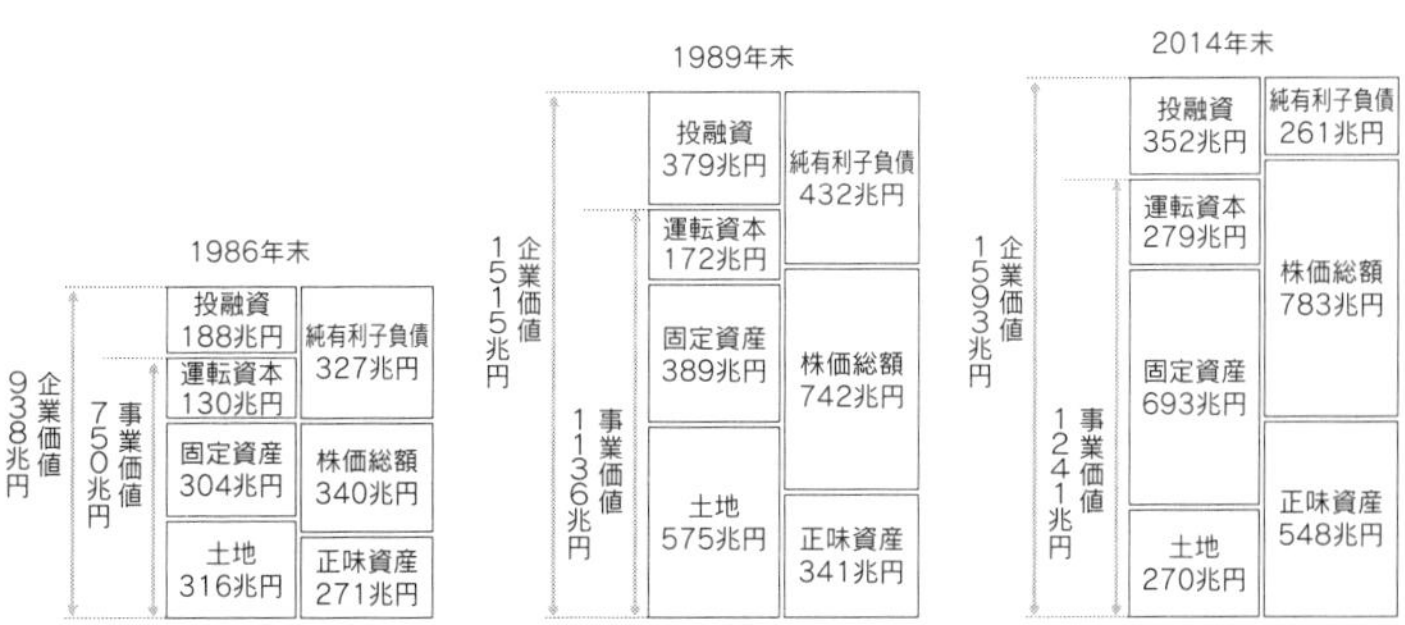

図5 企業価値と資本構成推移

（出所） 内閣府経済社会総合研究所の国民経済計算（2014）をもとに筆者作成

イした。一九八六年末から一九八九年末にかけて3年間で土地と株を中心に500兆円以上企業価値が上昇したことに注目して欲しい。

一九八九年末から二〇一四年末にかけて、土地バブル崩壊で事業会社の土地は半分になったが、固定資産を300兆円積み上げて企業価値はバブルのピークを超えてきた。バブル崩壊で資産と正味資産を喪失した事業会社は資本構成に過剰な有利子負債を抱えた。このため、事業会社は純有利子負債170兆円を削減して、株価総額と正味資産よりなる自己資本総額を1331兆円まで伸ばしてきた。一九八九年末の自己資本総額は1083兆円だったので、バブルのピークに比較しても二〇一四年末時点の事業会社セクターは248兆円ほど大きな自己資本総額を保有していることになる。

ストックとフローの対応関係

さて、前記のように、バランスシート項目の組み替えによって、事業価値や企業価値等の本業価値を定義し、資本構成を定義することができるが、その結果、財務諸表のストックとフローの対応関係（図6参照）をより明らかに理解できることになる。

財務諸表における損益計算書の構成を眺めてみよう。まず、本業の結果としての「売上から営業利益」で始まり、次に投融資収益を中心とする「営業外収益」を足して、金利を中心とする「営業外費用」を控除して「経常利益」を算出する。その後に「特別損益」を加減して、「税引前利益」を算出し、少数株主持分や税金を引いて「当期利益」を算出するわけだ。

通常の貸借対照表は本業のストックが資産と負債に分かれており、資産の中に営業資産と金融資産、負債の中に、有利子負債と営業負債が混在していて本業の価値や本業への投資を支える資本構成の問題を考えにくい。しかし、前記のように組み替えた貸借対照表においては、事業価値が売上から営業利益までのフローを生み、投融資が営業外収益というフローを生むという意味でストックとフローの対応関係が明確

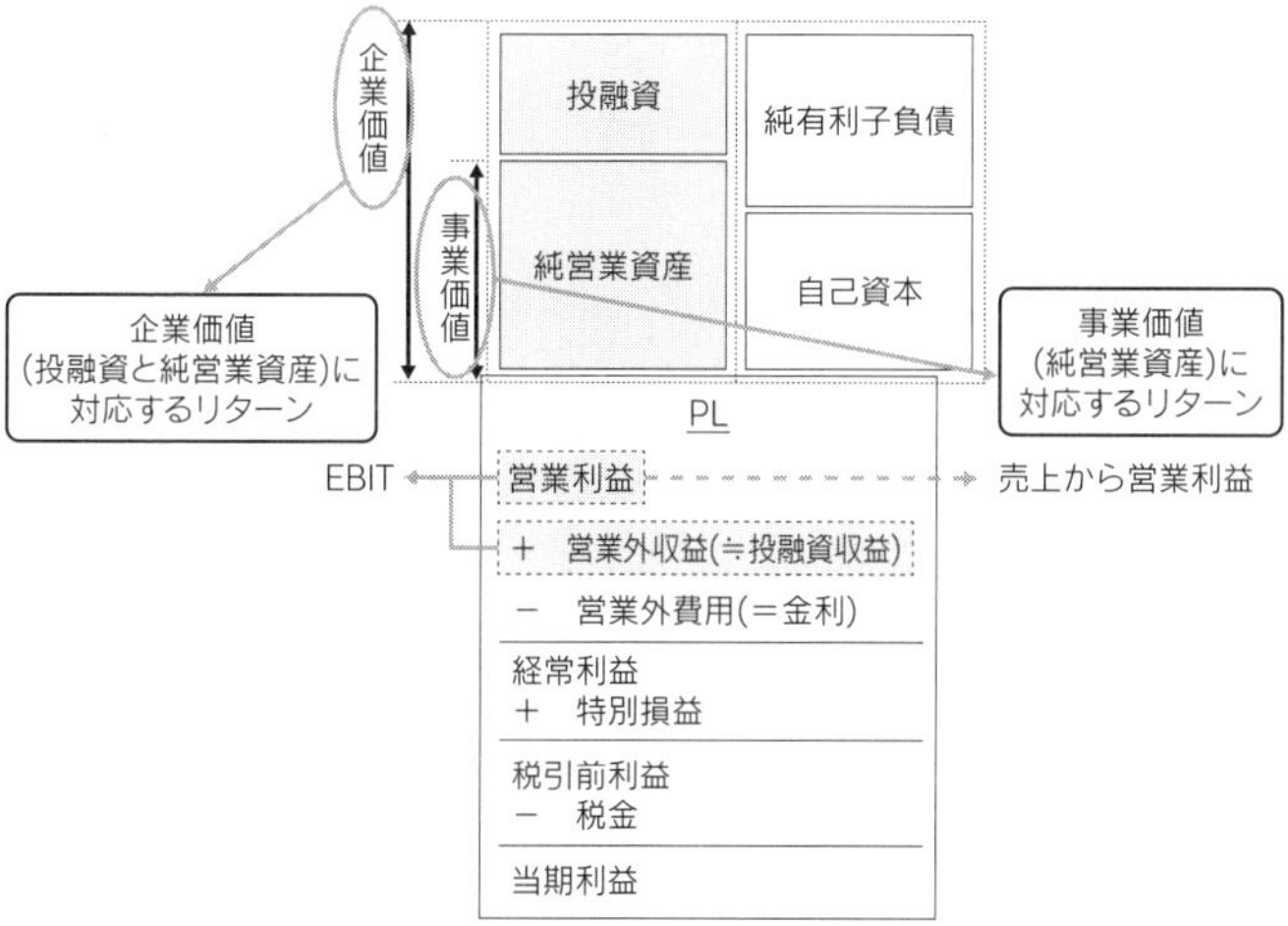

図6 ストックとフローの対応関係

（出所） 筆者作成

になる。事業価値は営業利益を生むためにあり、投融資は投融資収益を生むためにあるのである。営業外収益と投融資は、現預金のリターンや投融資収益以外の営業外収益がある点で少々ずれはあるが、金利収益、配当、持分損益等の投融資収益が営業外収益の主要部分であることは理解できるだろう。事業価値から営業利益が生まれ、投融資から投融資収益が生まれるのだとすれば、営業利益／事業価値、投融資収益／投融資を計算することによって、狭い意味の事業価値の投資収益率や、投融資の投資収益率を計算することができる。

それでは、自己資本に対する損益計算書上のフローは何だろうか？　営業外費用の中にも金利以外の営業外費用がわずかにあるが、有利子負債に対する金利が営業外費用のほとんどであることが普通である。事業価値から営業利益が生み出され、投融資から営業外収益が生み出され、有利子負債に対して営業外費用を払うのなら、特別損益や税金がなければ、株主が受け取るのは経常利益のはずだ。しかし、実際には毎年特別損益があり、かつ税金を政府に持っていかれるのが現実である。したがって、経常利益に特別損益を加算し、税金を控除した当期利益が株主の取得するその期のリターンであるということになる。また、経常部分の方が今年度だけ発生する特別損益よりも重要であるとすれば、経常利益から税金を引いた経常純利益が、株主に対する経常のリターンだということになる。当期利益を自己資本で割ってROEを計算するのは、株主にとっての投資収益率を計算するためである。ただし、経常的な投資収益率を見たければ分子を当期利益から経常純利益に変更しなければならないし、株主が実際に買う場合の投資収益率を計算するには、分母を帳簿価格から時価に変更しなければならない。

さて、企業価値という広い意味の本業から生み出される損益計算書上のフローは何だろうか？　経常純利益や当期利益が株主に対するリターンであるとすれば、これに税金と金利を足し戻せば、企業価値に対するリターンになる。経常純利益や当期利益に税金や金利を足し戻したものは英語でいえばEarnings Before Interests and Taxesであり、省略してEBIT《エビット》と呼ばれる。EBITは経常純利益に税金と金利を足し戻しても計算できるが、その本質は、営業利益と投融資収益の合計である。経常純利益に税金を足し戻せば経常利益になり、経常利益に金利（営業外費用）を足し戻せば、営業利益と営業外収益の合計になるからである。したがってEBITは事業価値と投融資を合計した企業価値というストックに対応する損益計算書上のフローである。EBITは、金融市場ではあたかも当期利益から遡って計算されるひとつの指標に過ぎないような取り扱いを受けているが、実は広い意味の本業である企業価値のリターンとしての積極的な意味を持つわけである。したがって、本業の投資収益率を計算しようとすれば、EBIT／企業価値を計算すればいいことになり、これは、営業利益／事業価値と投融資収益／投融資に左右される。

二〇一四年のストックとフロー

日本の事業会社セクターは、二〇一四年は、事業価値1241兆円のストックから50・2兆円（4・0％）の営業利益フロー、投融資352兆円のストックから17・6兆円（5・0％）の投融資収益フローを得た（図7参照）。このため、事業会社セクターは企業価値1593兆円というストックからEBIT67・8兆円というフローを獲得し、投資収益率4・3％のリターンを稼いだことになる。これに対して純有利子負債261兆円に平均金利2・6％で6・7兆円の金利を払ったため経常利益は61・1兆円で、平均24・9％の税金15・2兆円を引いた税引後利益は45・9兆円だった。これは自己資本総額1332兆円に対して3・4％の利回りに当たる。

企業価値のための設備投資基準

企業が新規事業として本業である企業価値に投資するときに、どのような設備投資基準を持たなければならないだろうか（図8参照）。損をすることがわかっている事業を強行して、株主に損をさせてよいわけはない。株主は金融市場のどこにでも投資することができるのにあなたの会社に投資してくれたわけだから、金融市場のリスクに見合ったリターンよりあなたの会社の株に投資してくれて良かったと思うような本業投資をしなければならない。そうでなければ株主は金融市場のリスクを取ってそれに見合うリターンを得られたはずだからだ。

　ここで本業投資と比較するのは、金融市場のリスクに見合ったリターンであり、企業財務理論の世界ではキャピタル・アセット・プライシング・モデル（CAPM）といわれるリスクとリターンの関係を示すモデルである。CAPMにおいて

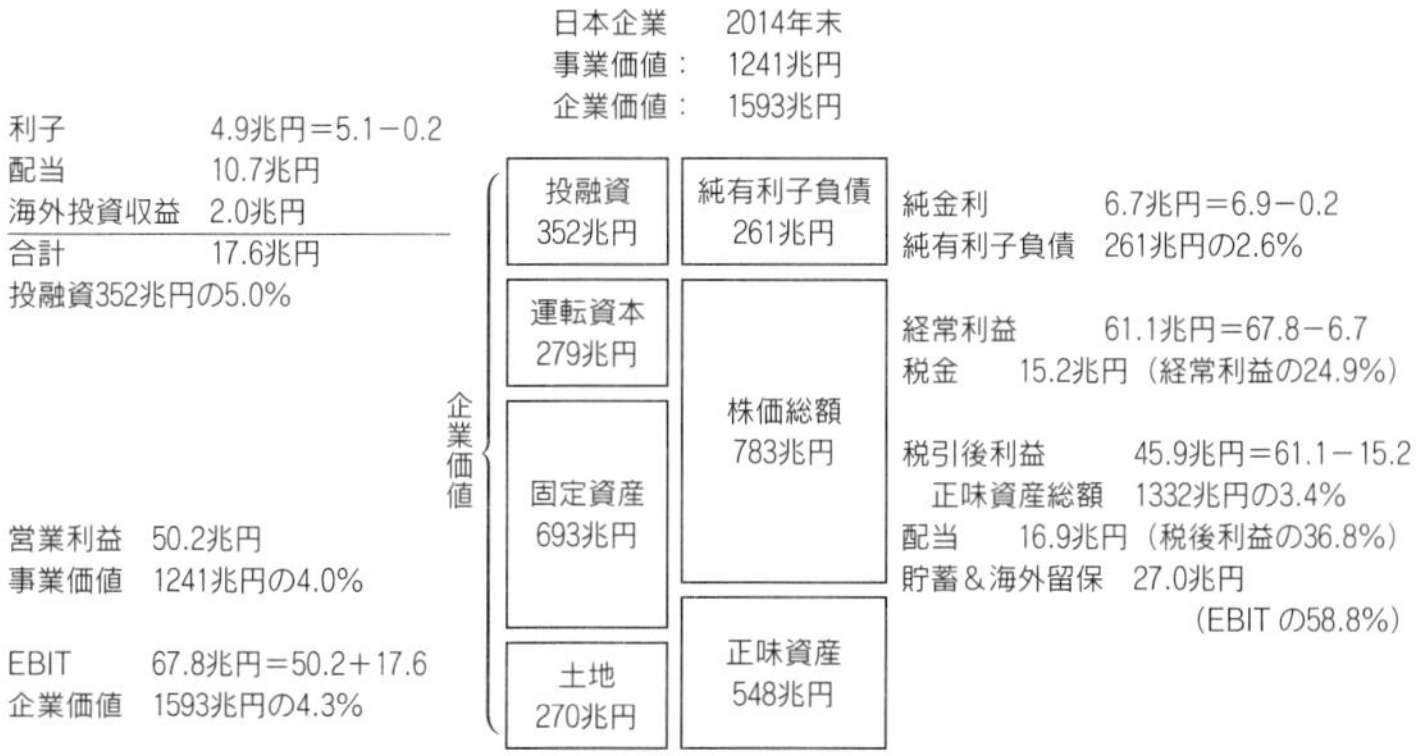

図７　2014年のストックとフロー

（注）　事業会社の現預金金利を0.1%と仮定し，現預金244兆円の0.1%で現預金利息は0.2兆円とした。

（出所）　内閣府経済社会総合研究所の国民経済計算（2014）をもとに筆者作成

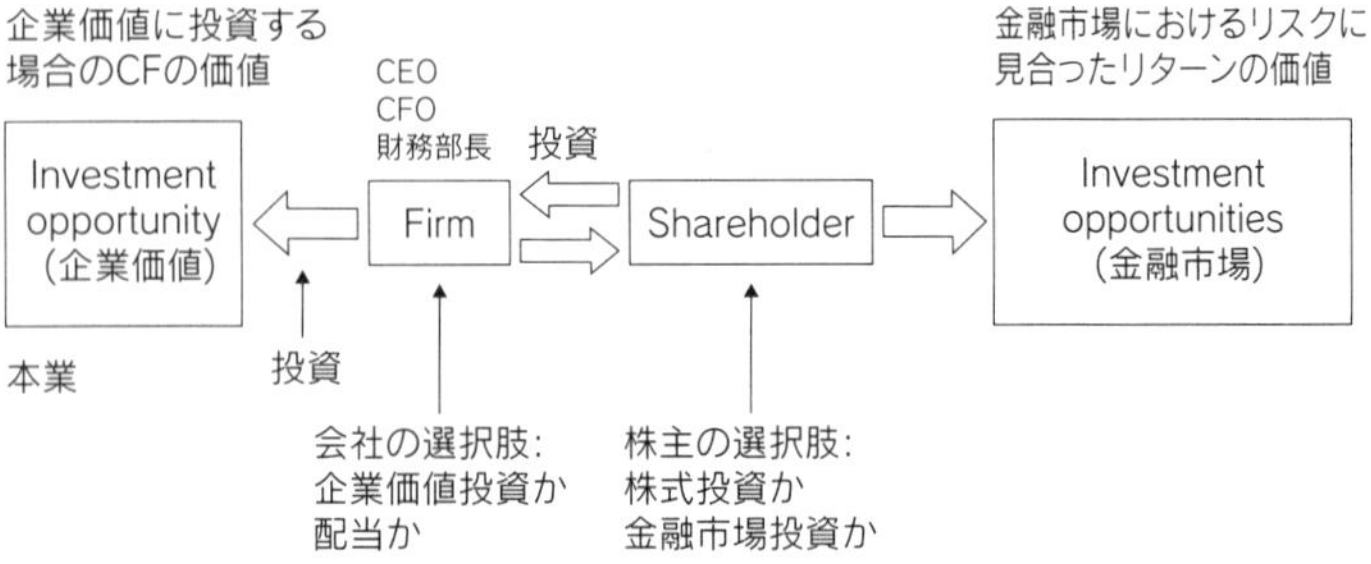

図**8**　企業価値のための投資基準
（出所）　Brealey et al.（2012）Principles of Corporate Financeをもとに筆者加筆

は、政府短期証券（リスクフリーレート）、株式市場全体のポートフォリオおよび借入の三つを組み合わせて、リスクに見合ったリターンが想定される。

本業としての新規事業投資が金融市場投資より得かどうかは、新規事業の将来キャッシュフローを、金融市場のリスクに見合ったリターンで割り引いて、正味現在価値がプラスになるかどうかで計算される。金融市場のCAPMでは、投資の正味現在価値は0である。したがって、新規事業のキャッシュフローの正味現在価値がプラスになれば金融市場より得な投資となり、企業価値を高めることができるわけである。

参考文献

内閣府経済社会総合研究所（二〇一四）「国民経済計算（GDP統計）」（http://www.esri.cao.go.jp/jp/sna/menu.html）（二〇一六年四月一三日）
Bureau of Economic Analysis (2014).

Integrated Macroeconomic Accounts for the United States. [Data file]. Available from http://www.bea.gov/national/nipaweb/Ni_FedBeaSna/Index.asp

Brealey, R. A., Myers, S. C., Allen, F., & Mohanty, P. (2012). Principles of Corporate Finance 11th edition. Tata McGraw-Hill Education.

第10章

経営学におけるミックス法

ビジネス統計

寺崎新一郎

10

問題の所在

データの適切な収集および分析は、企業の持続的な成長に不可欠である。顧客から集めたデータを分析することで、製品評価や市場機会などについて客観的な知見を得ることができる。データの収集および分析手法は、質的研究（qualitative research）、量的研究（quantitative research）、ミックス法（mixed methods）の三つに弁別できる。経営学における研究論文の大半は量的研究にもとづいており、次に質的研究が多くみられ、ミックス法を用いた研究は相対的に少ない。ミックス法とは、量的および質的データを逐次的に収集し、分析をおこなう手法である。また、異なる種類のデータを収斂させることを、トライアンギュレーション（triangulation）といい、ミックス法の説明過程で頻繁に用いられている。ミックス法の原型は、Campbell & Fiske（1959）の「多因子―多元的マトリックス」にあると考えられ、量的および質的データを同時に取り扱ったり、トライアンギュレーションさせたりする考え方が紹介されている（Jick, 1979）。

量的研究が多く用いられる背景には、その「客観性」への信頼があると考えられる。しかしながら、諸現象を引き起こす「法則」や「要因」の探究は、社会科学と物理学などの自然科学とでは異質なものである（仲正、二〇一四）。ウェーバー（一九九八）は、社会科学において普遍的かつ汎用的な真理の存在は所与ではないという、量的研究に対する批判ともいえる疑問を投げかけている。人間が介在する限り、いかなる状況においても成り立つ方程式などないのである。

一方、質的研究を用いれば客観性は担保されるといえるであろうか。質的研究は、特定の社会状況、出来事、役割、集団、相互作用についての理解を目的としており（Locke et al., 2013）、基本的に解釈的な手法である。さらに、個人である自己と研究者としてのそれが不可分なため、ウェーバーのいう「価値理念」（Wertidee）、つまり「知るに値する事実を選択する究極の基準」（富永ら、一九九八、p. 208-209）に沿って厳密に質的データを収集、分析しなければ客観的な研究とはなり得ない。

量的および質的研究双方の限界を補完するミックス法も万能ではないが、発見事実の精度を高めたり、新しい研究領域を発展させたりするには有効な手法と考えられる。また、一九八九年には *Field Methods* という、ミックス法を用いた研究やその方法自体を説明した論文を掲載する学術雑誌が発刊されており、現在も多くの研究論文が掲載されている。

本章は、量的および質的研究と比較して未だ黎明期にあるミックス法を、経営学の研究論文における活用例を参照しつつ検討する。

ミックス法

ミックス法のリサーチデザインは、順次的戦略と並行的戦略の二つに大別でき、小分類として戦略別に三つのアプローチが存在している(クレスウェル、二〇〇七参照)。本章では、ミックス法の中でも比較的活用が容易な順次的説明的戦略(sequential explanatory strategy)、順次的探索的戦略(sequential exploratory strategy)、および並行的トライアンギュレーション戦略(concurrent triangulation approach)の三つに焦点を当て、解説および活用例を検討する。

順次的説明的戦略

順次的戦略は、前述の二つの戦略に加えて、順次的変化的戦略(sequential transformative strategy)もあるが、本項ではまず順次的説明的戦略について検討する。

順次的説明的戦略では、量的データの収集と分析に続いて質的データのそれが行われる(図1)。当該戦略では、優先度は量的データに置かれるばあいが多くみられる(クレスウェル、二〇〇七)。その具体例として、Froese et al.(2013)の研究が挙げられる。当研究では、コスモポリタニズムと国際経験および海外駐在意欲にかんする変数との関連性を、構造方程式モデリングで明らかにするとともに（量的段階）、やや意外な調査結果について理解を深めるべく、被験者に対するフォーカスグループ・インタビューをおこなっている（質的段階）。つまり、仮説とは異なる結果が得られた理由を探るために、追加的に質的データの収集と分析を試みているのである。一般的に、量的データの分析結果は研究者自身の解釈のみで考察されるばあいがほとんどである。Froese et al. (2013) は順次的説明的戦略をリサーチデザインに採用することで、やや意外な調査結果について、量的には把握できない、研究対象特有の性質に迫ったといえる。Greene et al. (1989) はミックス法を用いる目的として、トライアンギュレーション、相補性（complementarity）、開発（development）、イニシエーション（initiation）、拡大（expansion）、の五つを挙げている（表1）。Froese et al. (2013) の研究は「相補性」に該当すると考えられ、質的研究ならではのハイコンテクストなデー

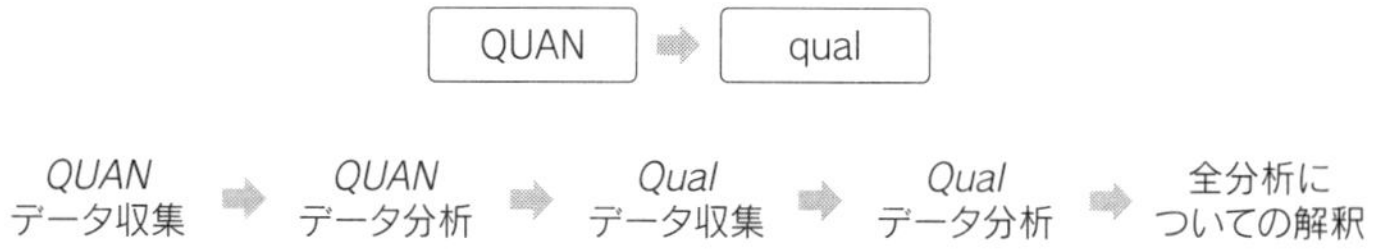

図1　順次的説明的戦略

（注）『Quan』と『Qual』は，それぞれ量的と質的の略語である。大文字での表記は，その研究において優先度が置かれていることを意味する。

（出所）クレスウェル（2007, p. 239）

表1　ミックス法を用いた研究デザインの目的

目的	理論的根拠
トライアンギュレーション	方法論的なバイアスに起因する不適切なデータの不均一性を相殺することで，概念や調査結果の妥当性を高める。
相補性	ある方法論特有の強みを活用したり，ある方法論ないしデータソースに内在するバイアスを相殺したりすることで，概念や調査結果の説明力，意義，妥当性を高める。
開発	ある方法論に内在する強みを生かすことで，概念や調査結果の妥当性を高める。
イニシエーション	異なる方法論やパラダイムから分析することで，パラドックスや矛盾，理論的枠組みにおける新たな視点の発見，質問項目ないし発見事実の再考を試みる。
拡大	多様な調査内容に対して最も適切な方法論を選択することで，調査範囲を拡大する。

（出所）　Greene et al.（1989, p. 259）より，一部抜粋し筆者翻訳

タの収集および分析を量的研究に活かしている。

また、あくまで質的データの精度を高めるために量的データの収集と分析を実施することも可能である（Terasaki, 2016参照）。たとえば、量的データの収集と分析にもとづき理論的サンプリング（Theoretical Sampling）（Glaser and Strauss, 1970）をおこなえば、インタビュー被験者を可能な限り適切に抽出することができる。量的データはインタビュー被験者の抽出にのみ用いられており、重視されるのは質的データとなるため、順次的説明的戦略が必ずしも量的データを優先するとは限らないのである。当該戦略を採用するばあい、量的あるいは質的データのどちらに力点を置くかは、研究者の判断に委ねられる。

順次的探索的戦略

順次的探索的戦略では、質的データの収集と分析の後、量的データのそれが実施される（図２）。「探索的」とあるように、まだあまり研究が進んでおらず、量的研究で用いられる測定尺度が確立していないときなどに有効な戦略である。既存の文献に依拠せず、まず質的データを広く収集および分析することで、実証研究への橋渡しが目指せる。分野を問わず、測定尺度の開発は被引用数を伸ばす有効な手段となるため、国際的な影響力を強めたい研究者には有用なリサーチデザインといえる。たとえば、消費者エスノセントリズムの測定尺度であるCETSCALE（consumers' ethnocentric tendencies scale）を開発したShimp and Sharma（1987）の論文は、２０５１もの文献で引用されており（二〇一六年三月九日現在）、経営学分野において最も引用されている論文の一つとなっている。Shimp and Sharma（1987）は、消費者へのインタビュー調査、専門家による質問項目の吟味といった質的段階を経て、量的データの収集と分析によって当該尺度を開発するという、順次的探索的戦略を採用している。

図２　順次的探索的戦略

（出所）　クレスウェル（2007, p. 239）

順次的探索的戦略の最終目標が測定尺度の開発にあるとき、回答者にとって分かりやすく誤認のない質問項目の作成が重要となる。寺﨑（二〇一五）は、潜在的なアンケート調査対象者へ向けて一つ一つの質問項目に対するインデプス・インタビュー（in-depth interview）をおこなっている。たとえば、「ラグジュアリー・ブランドはどの国（または地域）で作られたかをイメージできる」という質問項目は、先行研究のレビュー段階では「ラグジュアリー・ブランドは原産地イメージがある」という表現であったが、インタビュープロセスを経て、内容を損なうことなく回答者に配慮した表現に変更されている。経営学の専門用語である「原産地イメージ」という表現では、回答者に質問の意図を伝えられない。回答者に配慮した質問項目の見直しがポイントである。

インタビューを通した質問項目のブラッシュアップは、尺度の測定段階における精度を高めてくれるほか、質問項目が分かりやすく誤認のないものであれば、他の言語に翻訳されたばあいでも、齟齬なく運用できるという利点もある。現在のところ筆者の知る限り、測定尺度の翻訳の違いによる、量的データの分析結果を比較した研究はみられない。しかしながら、インタビューという、ひと手間をかけることの重要性は、検証されてしかるべき課題である。

質的段階において、新たな変数の開発および変数間の因果関係を明らかにするにはグラウンデッド・セオリー・アプローチ（Grounded Theory Approach, 以下、GTA）が活用できる。Morgan（1998）は、質的段階から浮かび上がった理論の構成要素を検証するのに順次的探索的戦略は適しており、また質的結果を多様な標本に一般化する際に活用できると述べている。GTAは、質的研究の結果にもとづく仮説の検証に適した、代表的なリサーチ・メソッドである。プロセスを探究するのみであれば事例研究で十分であるが、量的段階への移行を考える際にはGTAが望ましい。

GTAとは、質的データから諸カテゴリーを作り上げ（オープン・コード化）、うち一つを選択して理論的なモデル内に位置づけ（軸足コード化）、各カテゴリー間の因果関係を詳細に説明する（選択コード化）という、三つのプロセスからなる質的研究法であり（Strauss & Corbin, 1990, 1998）、データに密着した（grounded on data）分析から独自の理論を生成する研究法として注目を浴びている（木下、二〇〇三）。

Glaser and Strauss（1967）により考案されたGTAは、医療社会学分野に始まり、社会科学の多くの研究領域で活用されてきた。しかしながら、考え方が難解なため、わが国においては木下（二〇〇三）が考案したM-GTA（Modified Grounded Theory Approach）が分野を問わず広く用いられている。M-GTAを英文論文誌に引用する際は、妥当性の説明にページを割かなければならなくなるが、和文論文誌向けであれば、積極的な活用が期待できるであろう。

並行的トライアンギュレーション戦略

並行的戦略は、並行的トライアンギュレーション戦略、並行的入れ子状戦略（concurrent nested strategy）、並行的変化的戦略（concurrent transformative strategy）に弁別できるが、本項では、比較的よく用いられている並行的トライアンギュレーション戦略を取り扱う。

当該戦略において、量的データの収集と質的データの収集は、順番に依拠せず、並行して実施され、二つの方法で得られた結果は分析段階で統合される（図3）。順次的アプローチと比べると、データ収集に割く時間が節約できる一方、使いこなすには多くの努力と専門的知識が求められる（クレスウェル、二〇〇七）。並行的トライアンギュレーション戦略を用いたリサーチデザインを組むばあい、クレスウェル（二〇〇七）に加えて、Morse（1991）や

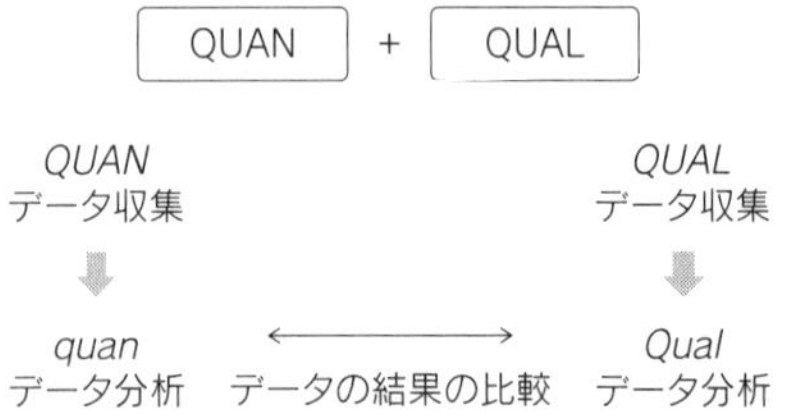

図3　並行的トライアンギュレーション戦略

（注）『+』は，データ収集が同時ないし並行しておこなわれる形式を意味する。
（出所）　クレスウェル（2007, p. 240）

Tashakkori and Teddie（1998）などを熟読したうえで、研究論文における使用例を参照するのも有効な手段である。

本章では、並行的トライアンギュレーション戦略の採用例として、古屋・東出（二〇一四）の研究を紹介する。古屋・東出（二〇一四）は、企業規模の拡大過程におけるインターナルコミュニケーション（社内コミュニケーション）満足度（Internal Communication Satisfaction, 以下、ＩＣＳ）を高めるような組織的取り組みとは何かについて、並行的トライアンギュレーション戦略を用いた実証研究をおこなった。手順は図４の通りである。まず、国内の中小かつ成長ベンチャー企業12社の代表取締役およびミドルマネジメントへのインタビュー調査と、従業員に対するＩＣＳ調査を同時並行的に実施する。

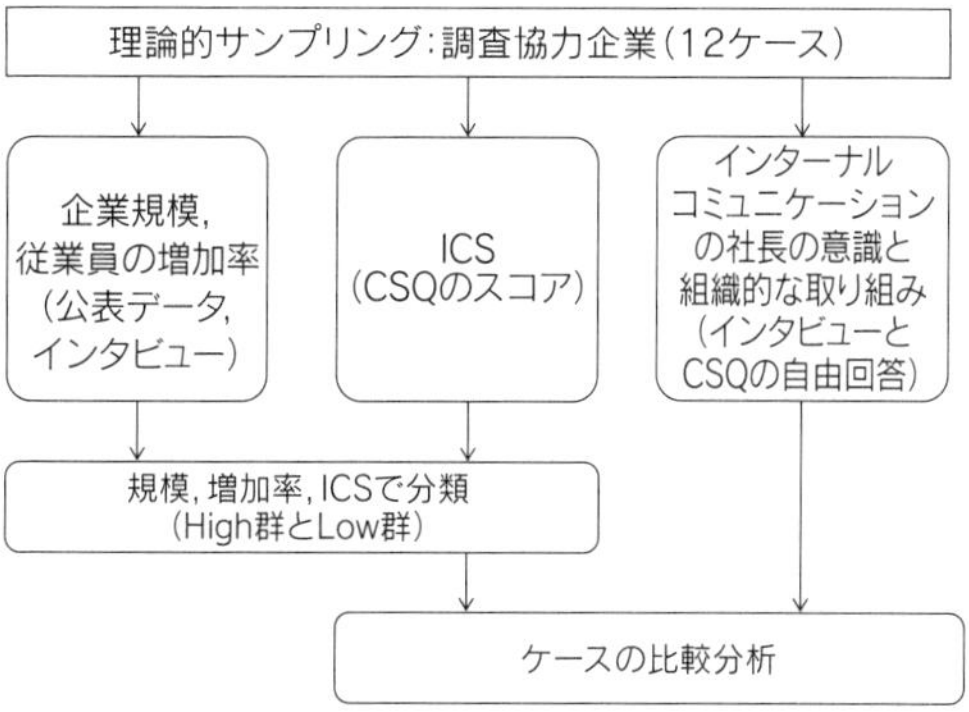

図４　古屋・東出（2014）の研究デザイン

（注）　CSQ とは，ICS の測定尺度である。

（出所）　古屋・東出（2014, p. 15）

次に、企業をＩＣＳの高い群と低い群の二つのグループに分けて、組織的な取り組みや社長の意識がＩＣＳに与える影響を比較分析している。

古屋・東出（二〇一四）の研究では、並行的トライアンギュレーション戦略ならではのデータ収集の効率化が実現されている。さらに、ＩＣＳスコアにもとづくサンプル層別および、論文中には明記されていないが、二つ以上のグループ間の比較をする研究対象者間デザイン（between-subject designs）（Keppel, 1991; Rosenthal and Rosnow, 1991）により、質的（インタビュー調査）および量的データ（ＩＣＳスコア）が効率よくトライアンギュレーションされている。

並行的トライアンギュレーション戦略にもとづくリサーチデザインは、往々にして非常に複雑になる傾向にある。古屋・東出（二〇一四）は、研究目的を極力シンプルにし、収集すべきデータを明確化することで、一つの研究の同一段階で異なるデータの収集および分析をおこなうという、難易度の高いリサーチデザインの運用に成功している。古屋・東出（二〇一四）の筆頭著者である古屋光俊氏に成功のポイントについてインタビューしたところ、「具体的な運用にかんする専門書はなく、先行研究をもとに独学せざるを得ない。『習うより慣れよ』的な側面が強く、研究論文を執筆する過程で学べることが多い」とのことである。古屋氏は並行的トライアンギュレーション戦略を用いた研究論文を、古屋・

東出（二〇一四）のほかに古屋・東出（二〇一五ａ）や古屋・東出（二〇一五ｂ）など発表しているが、論文を重ねるごとに運用についての知見が蓄積されていくという。当該戦略は、採用および運用が難しいリサーチデザインゆえ、独創的な発見事実の導出が期待できる。研究領域が探索的な段階にある場合などに、特に活用の意義が見出されるであろう。

結語および今後の検討課題

本章では、量的および質的研究というデータの収集および分析手法について、それぞれ限界を述べたのち、解決案としてミックス法を提示した。ミックス法は六つの戦略に細分化されるが、本章では順次的説明的戦略、順次的探索的戦略、および並行的トライアンギュレーション戦略に焦点を当て実際の適用例をもとに経営学における活用について検討した。

リサーチデザインの複雑さゆえ、ミックス法の調査研究への活用には、相当の知見と経験が求められる。しかしながら、まずはミックス法のなかでもシンプルな戦略を採用し、経験を蓄積させていくことから始めるのも手である。たとえば、リッカート尺度を用いた質問紙調査に、自由回答欄を設けるだけでも、量的データと質的データを同時に収集したことになり、それらをトライアンギュレーションさせればミックス法となるのである（操、二〇〇七）。

経営学におけるミックス法は、未だ十分に活用されているとはいえない状況である。つまり、参考となる研究論文が限られるため、研究者自身がミックス法の活用について主体的かつ探索的に取り組む必要がある。ミックス法にかんする勉強会を起ち上げるなど、研究者間で知見を蓄積していくと良いであろう。また、いうまでもなく、ミックス法は企業における調査研究にも生かすことができる。経営判断の精度を高めるためにも、ミックス法の実務的適用はますます重要となってくるであろう。

＊本研究は、科研費若手研究Ｂ（研究代表者：寺﨑新一郎、課題番号：１５Ｋ１７１４８）の助成による研究成果の一部である。

参考文献

ウェーバー・Ｍ（一九九八）『社会科学と社会政策にかかわる認識の「客観性」』（富永祐治・立野保男訳・折原浩補訳）岩波文庫［原著：Weber, M. (1994). *Die "Objectivität" sozialwissenschaftlicher und sozialpolitischer Erkenntnis*］。

木下康仁（二〇〇三）『グラウンデッド・セオリー・アプローチの実践』弘文堂。

クレスウェル・Ｊ・Ｗ（二〇〇七）『研究デザイン―質的・量的・そしてミックス法』（操華子・森岡崇訳）日本看護協会出版会［原著：Creswell, J. W. (2003). *Research design: Qualitative, quantitative, and mixed methods approaches 2nd edition*, Sage Publications］。

寺﨑新一郎（二〇一五）「情報ベースの稀少性が特別感に与える影響─欧州高級ブランドにおける実証的研究」『早稲田商学』第444号、37─65頁。

仲正昌樹（二〇一四）『マックス・ウェーバーを読む』講談社現代新書。

古屋光俊・東出浩教（二〇一四）「企業規模の拡大とインターナルコミュニケーションの組織的取組みの変化：12ケースの質的調査に基づく比較分析」*Venture Review*, 24, 11-25.

古屋光俊・東出浩教（二〇一五a）「成長ベンチャー企業の従業員満足度を高めるインターナルコミュニケーションプロセスのモデル─グラウンデッドセオリーアプローチによる探索的研究─」『日本ベンチャー学会誌』25、15─30頁。

古屋光俊・東出浩教（二〇一五b）「スマホサンクスカードのインターナルコミュニケーション満足度とやる気への影響─スマホで送るサンクスカードの多店舗組織における実証実験を通じた効果検証─」『日本ベンチャー学会誌』26、11─26頁。

Campbell, D. T., & Fiske, D. W. (1959). Convergent and discriminant validation by the multitrait-multimethod matrix. *Psychological bulletin*, 56(2), 81-105.

Creswell, J. W. (1999). Mixed-method research: Introduction and application. *Handbook of educational policy*, 455-472.

Froese, F. J., Jommersbach, S., & Klautzsch, E. (2013). Cosmopolitan career choices: A cross-cultural study of job candidates' expatriation willingness. *The International Journal of Human Resource Management*, 24 (17), 3247-3261.

Glaser, B., & Strauss, A. (1967). *The discovery of grounded theory*. London: Weidenfeld and Nicholson.

Glaser, B. G., & Strauss, A. L. (1970). Theoretical sampling. *Sociological methods. A sourcebook*, 105-114.

Greene, J. C., Caracelli, V. J., & Graham, W. F. (1989). Toward a conceptual framework for mixed-method evaluation designs. *Educational evaluation and policy analysis*, 11(3), 255-274.

Jick, T. D. (1979). Mixing qualitative and quantitative methods: Triangulation in action. *Administrative science quarterly,* 602-611.

Keppel, G. (1991). *Design and Analysis: A Researcher's handbook,* Prentice-Hall.

Morgan, D. L. (1998). Practical strategies for combining qualitative and quantitative methods: Applications to health research. *Qualitative health research,* 8(3), 362-376.

Morse, J. M. (1991). Approaches to qualitative-quantitative methodological triangulation. *Nursing research,* 40(2), 120-123.

Locke, L. F., Spirduso, W. W., & Silverman, S. J. (2013). *Proposals That Work: A Guide for Planning Dissertations and Grant Proposals: A Guide for Planning Dissertations and Grant Proposals.* Sage Publications.

Rosenthal, R., & Rosnow, R. L. (1991). *Essentials of behavioral research: Methods and data analysis,* McGraw-Hill Humanities Social.

Shimp, T. A., & Sharma, S. (1987). Consumer ethnocentrism: Construction and validation of the CETSCALE, *Journal of Marketing Rsesarch,* 24(3), 280-289.

Strauss, A., & Corbin, J. (1990). *Basics of qualitative research* (Vol. 15). Newbury Park, CA: Sage.

Strauss, A., & Corbin, J. (1998). *Basics of qualitative research: Techniques and procedures for developing Grounded Theory.* Sage Publications.

Tashakkori, A., & Teddlie, C. (1998). *Mixed methodology: Combining qualitative and quantitative approaches.* Thousand Oaks, CA: Sage.

Terasaki, S. (2016). Cosmopolitan consumers: Research overview and research opportunities, *Journal of International Business Research,* 15(1), 32-45.

執筆者紹介

第1章担当
目代武史（もくだい・たけふみ）
九州大学大学院経済学研究院准教授

広島大学大学院国際協力研究科修了（学術博士）。広島大学地域経済システム研究センター助手、東北学院大学経営学部准教授、九州大学大学院工学研究院准教授を経て、現職。専門は、生産管理、製品開発マネジメント、企業戦略。主な著書に『日本自動車産業グローバル化の新段階と自動車部品・関連中小企業』（清晌一郎編著、社会評論社、２０１６年）、『東北地方と自動車産業』（折橋伸哉・目代武史・村山貴俊編著、創成社、２０１３年）。主要論文に「新たな車両開発アプローチの模索：ＶＷ ＭＱＢ、日産ＣＭＦ、マツダＣＡ、トヨタＴＮＧＡ」（『赤門マネジメント・レビュー』12巻9号、２０１３年、岩城富士大との共著）等。

第2章担当
星野裕志（ほしの・ひろし）
九州大学大学院経済学研究院教授

慶應義塾大学法学部政治学科卒業。米国ジョージタウン大学経営大学院修士課程修了（ＭＢＡ）。日本郵船、神戸大学経営学部／経済経営研究所助教授を経て、２００３年４月より九州大学経済学研究院。07年4月から09年3月まで九州大学大学院経済学府産業マネジメント専攻長。11から12年、15年米国コロンビア大学客員研究員、神戸大学客員教授。日本海運経済学会会長。多国籍企業学会理事。国際ビジネス研究学会理事。ケース・メソッド研究会主宰。

第3章担当
朱　穎（しゅ・えい）
九州大学大学院経済学研究院准教授

一橋大学大学院商学研究科博士課程修了、博士（商学）。一橋大学大学院商学研究科助手、跡見学園女子大学マネジメント学部准教授を経て現職。２０１１年米国スタンフォード大学客員准教授、12年8月から米国スタンフォード大学「持続可能な発展と国際競争力研究センター（ＳＤＧＣ）」客員研究員。主な著書に『ケースブック日本のスタートアップ企業』（執筆分担、有斐閣）、『地球温暖化問題の再検証』（執筆分担、東洋経済新報社）、「技術革新のタイミング」（共著）『組織科学』、*Advances in Technology and Innovation Management*, IEEE Technology Management Council（共編著）等。

第4章担当
永田晃也（ながた・あきや）
九州大学大学院経済学研究院教授

早稲田大学大学院経済学研究科修士課程修了。文部科学省科学技術政策研究所主任研究官、北陸先端科学技術大学院大学助教授を経て、九州大学大学院経済学研究院准教授。２０１０年、同教授。11年4月から13年3月まで九州大学大学院経済学府産業マネジメント専攻長。12年度より九州大学科学技術イノベーション政策教育研究センター長。研究・イノベーション学会副会長。著書に『日本型イノベーション・システム―成長の軌跡と変革への挑戦』（共編著、白桃書房）、『知識国家論序説―新たな政策過程のパラダイム』（共編著、東洋経済新報社）、『知的財産マネジメント―戦略と組織構造』（編著、中央経済社）等。

第5章担当
高田　仁（たかた・めぐみ）
九州大学大学院経済学研究院教授
産業マネジメント専攻長

九州大学工学部卒業。大手メーカー勤務後、九州大学大学院工学研究科修士課程修了。コンサルティング会社を経て、１９９９年から㈱先端科学技術インキュベーションセンター（ＣＡＳＴＩ、現東大ＴＬＯ）取締役副社長兼ＣＯＯ。03年九州大学ビジネス・スクール助教授。以降、同准教授、米国ＭＩＴ（マサチューセッツ工科大学）客員研究員等を経て、14年九州大学ビジネス・スクール教授、15年4月より同専攻長。この間、03年から10年まで九州大学知的財産本部技術移転部門長、05年から10年まで総長特別補佐、10年から現在まで九州大学ロバート・ファン／アントレプレナーシップ・センターを兼務。

第6章担当
岩下　仁（いわした・ひとし）
九州大学大学院経済学研究院専任講師

早稲田大学商学部卒業、同大学大学院商学研究科修士課程修了。花王株式会社、野村総合研究所、早稲田大学大学院商学研究科博士後期課程、同大学商学学術院助手を経て、

現職。専門は、マーケティング。主な著書に『商品開発・管理入門』（恩藏直人先生との共著、中央経済社）、『社会的責任のマーケティング』（共訳、東洋経済新報社）等。主な論文に「リーダーシップ・スタイルが市場志向におよぼす影響―市場志向の強調は、どのような商品パフォーマンスをもたらすのか―」『商品開発・管理研究』第8巻第2号、24―53頁、商品開発・管理学会、２０１２年、「市場志向が商品開発優位性に及ぼすメカニズム―ナレッジマネジメント・アクティビティの効果―」（共著）『流通研究』第16巻4号、13―33頁、日本商業学会、２０１４年、「製品デザイン要素の解明―自動車産業に対する定性調査による考察―」（共著）『マーケティングジャーナル』第34号第3巻、99―116頁、日本マーケティング学会、２０１５年、"Key Product Design Elements for Successful Product Development: An Exploratory Study of the Automotive Industry", *Proceedings of the American Marketing Association 2015 Summer Marketing Educator's Conference*, ２０１５年（共著）等。２０１５年より、商品開発・管理学会理事（幹事）。

第7章担当
岩崎　勇（いわさき・いさむ）
九州大学大学院経済学研究院教授

明治大学大学院経営学研究科博士後期課程単位取得退学、富士短期大学、東京富士大学を経て、２００３年より現職。文部科学省検定済高等学校教科書『原価計算』（監修）、『キャッシュ・フロー計算書の読み方・作り方』、『経営分析のやり方・考え方』、『純資産会計の考え方と処理方法』、『連結財務諸表の読み方・作り方』（以上、税務経理協会）等の多数の著書と、「ＩＦＲＳ導入と公正価値会計の浸透」（国際会計研究学会年報）等の多数の論文がある。その他、日本会計研究学会評議員、財務会計研究学会理事、日本簿記学会理事。

第8章担当
平松　拓（ひらまつ・たく）
九州大学大学院経済学研究院教授

東京大学経済学部経済学科卒業。１９８０年東京銀行に入行。企画業務やUnion Bank（在カリフォルニア州）での融資業務等の他、国際通貨研究所（シンクタンク）主任研究員、経済調査室次長としてマクロ経済および国際金融問題などの調査研究に従事。その後、三菱自動車に出向し経営戦略本部戦略管理部長、三菱自動車オーストラリアCFO、APECビジネス諮問委員会スタッフなどを経て、09年度より現職。QBSでは「ファイナンシャル・マネジメント」および「マネジメント・コントロール」を担当。13年4月から15年3月まで九州大学大学院経済学府産業マネジメント専攻長。

第9章担当
村藤　功（むらふじ・いさお）
九州大学大学院経済学研究院教授

東京大学法学部卒業。ベイン・アンド・カンパニー、メロン銀行を経て、ロンドン・ビジネス・スクールMBA。CSファースト・ボストンとペレグリンで投資銀行業務を担当。2001年9月からアーサー・アンダーセンのコンサルティング部門で財務戦略部門統括パートナー。03年4月から九州大学ビジネス・スクールで企業財務とM&Aを担当。経済産業省主催・地域金融人材育成システム開発委員会（03年度）及び財務管理人材育成システム開発委員会（04年度）委員長。03年から08年まで経済同友会会員。09年4月から11年3月まで九州大学大学院経済学府産業マネジメント専攻長。

第10章担当
寺﨑新一郎（てらさき・しんいちろう）
九州大学大学院経済学研究院助教

早稲田大学商学部卒業。英国立ロンドン大学大学院ロイヤルホロウェイカレッジ経営学研究科修士課程（MBA in International Management）および同大学大学院キングスカレッジ社会科学・公共政策研究科修士課程（MA in Environment, Politics & Globalization）修了。早稲田大学大学院商学研究科博士後期課程、早稲田大学商学学術院助手を経て、九州大学大学院経済学研究院助教。英国立エディンバラ大学人文科学・社会科学部客員研究員。QBSでは「ビジネス統計」を担当するほか、グローバリゼーションと消費者行動について、社会学的ディシプリンから研究をおこなっている。主な著作に *Industrial Applications of Affective Engineering*（執筆分担、Springer）、「消費者イデオロギー効果研究」（単著）『マーケティングジャーナル』等がある。

新《あら》たな事業《じぎょう》価値《かち》の創造《そうぞう》
ビジネスを変革に導く10の視点

2016年7月20日　初版発行

編　者　九州大学ビジネス・スクール

発行所　QBS出版
〒812-8581　福岡市東区箱崎6-19-1
九州大学ビジネス・スクール支援室
電話　092-642-4278

発売所　一般財団法人 九州大学出版会
〒814-0001　福岡市早良区百道浜3-8-34
九州大学産学官連携イノベーションプラザ305
電話　092-833-9150
URL　http://kup.or.jp
印刷・製本／城島印刷㈱

　ISBN978-4-7985-0185-7